善解童贞

4

孩子的爱情

胡萍 著

江苏凤凰科学技术出版社
国家一级出版社 全国百佳图书出版单位
·南京·

图书在版编目（CIP）数据

善解童贞. 4, 孩子的爱情 / 胡萍著. -- 南京：江苏凤凰科学技术出版社，2017.1（2022.7重印）

ISBN 978-7-5537-7221-9

Ⅰ. ①善… Ⅱ. ①胡… Ⅲ. ①儿童教育—性教育 Ⅳ. ①G479

中国版本图书馆CIP数据核字（2016）第220503号

善解童贞4：孩子的爱情

著　　者　胡　萍
责任编辑　谷建亚　李莹肖
责任校对　仲　敏
责任监制　刘文洋

出版发行　江苏凤凰科学技术出版社
出版社地址　南京市湖南路1号A楼，邮编：210009
出版社网址　http://www.pspress.cn
印　　刷　合肥精艺印刷有限公司

开　　本　718mm × 1 000mm　1/16
印　　张　15.75
插　　页　1
字　　数　240 000
版　　次　2017年 1 月第 1 版
印　　次　2022年7月第13次印刷

标准书号　ISBN 978-7-5537-7221-9
定　　价　35.00元

善解童贞

目 录
Contents

胡萍老师
shàn jiě tóng zhēn

前言

看到这本书的书名，读者可能会冒出一个问题：“孩子真的有爱情吗？”我们先来看一个初二男孩给我的留言：

胡老师：您好！在幼儿园时，我与一个女同学玩得挺好的，那时就已经开始了我的爱情吧；到了小学，我又喜欢上了另一个女生，看到她有很心动的感觉，可惜她并不怎么关注我，但我觉得这是纯真的情感；到了初一，我感觉到有两个女生喜欢我，平常总对我笑，投出委婉的眼神，但我对她们并没有心动的感觉；接着，我读初二了，喜欢我的女生有六七个，有的还向我表白了，可是我仍然没有被触动……

每当有父母来向我咨询孩子谈恋爱的问题时，我总是要从人类的情感发展开始讲起，然后讲到孩子的爱情心理发展规律，希望父母能够理解孩子当下的爱情与他未来经营爱情和婚姻的能力密切相关。然而，短短的时间里很难让父母理解我说的那些话语，于是，萌生了将此写成一本书的想法。在这本书里，父母可以慢慢地理解孩子的爱情发展规律，理解孩子在每一个年龄阶段的爱情，然后根据自己的教育智慧帮助孩子顺利度过每一个爱情发展阶段。现在，我的愿望终于达成了。

在本书中，我主要从四个层面来讲解孩子的爱情。

第一个层面：孩子爱情的发展之“道”

人类的爱情经历了从童年到青春期的发展过程，这是人类爱情发展的完整过程。人类在未成年或者成年后所要使用到的生命机能，都是从幼年甚至胚胎时期就开始发展的，这是自然规律。比如：人类的牙齿发展，胚胎的时候就长好了牙床，出生后4~6个月开始出牙，6岁左右开始换牙，12岁左右换牙结束，之后，人类的牙齿要使用到老年。纵观人类生命的每一项机能，我们都可以找到这个规律。那么，人类爱情的发展也应该遵循这一规律。在书中，我详细讲解了人类爱情的发展规律，便于读者从生命发展的角度来理解孩子的爱情发展过程，这是帮助孩子度过爱情发展阶段的“道”。懂得了孩子爱情发展的“道”，成年人帮助孩子度过爱情发展阶段的“术”才不会偏离尊重生命本质的方向。

孩子的爱情发展规律是人类爱情发展的共性，每一个孩子都会遇上爱情，但他不一定会经历爱情发展中的全部环节，也不是每一个孩子都会在同一年龄开始遇上爱情，这是爱情中存在的个性。当我们在谈论孩子爱情这个话题的时候，既要看到共性，还要看到每一个孩子经历爱情的不同之处。这就是共性与个性的并存。

第二个层面：成年人帮助孩子度过爱情发展的“术”

在多年的研究中，我收集了大量有关孩子爱情的案例，孩子年龄从幼儿园到青春期。这些案例多角度地反映了不同年龄阶段孩子的爱情，以及家长在处理孩子爱情中的困惑、无助与不解。书中有大量的案例解析以及具体帮助孩子的方法，为读者提供了帮助孩子的“术”。

我从2001年开始为青春期的孩子上爱情课。在这本书里，我将我的教学内容、课堂中孩子们提出的各种问题以及应对策略全部写进了书里，希望能够帮助到有需要的人。或许，有读者会提出来一个疑问："对中学生进行爱情教育，会不会让中学生提前去恋爱呢？"我想说的是：**爱情教育不是鼓励或禁止孩子的爱情，而是按照孩子生命成长节律和爱情成长规律来告诉孩子在爱情中的权利和责任，孩子在享有爱情权利的同时，还要对自己的行为负责任。**比如，我会告诉孩子们爱情的底线——未成年人不可以发生性行为。如果孩子在情感的发育阶段，父母和教师都不对孩子进行爱情的教育，任孩子无知也无畏，这就是教育的失责。

正确的性教育不仅不会让孩子的性行为提前，而且还会大大推迟他们初次性行为的时间。联合国教科文组织曾对全球各国共87项性教育项目的成效进行了专项分析，其中《关于性教育对性行为的影响的2008年审查报告》指出，所有项目均未造成"初次性行为时间提前"的后果，且37%的项目产生了推迟初次性行为时间的效果，53%的项目降低了危险性性行为。（信息来源：联合国教科文组织：《国际性教育技术指导纲要(中文版)》，2010年。）或许，这个调查能够让担心性教育会让孩子提前发生性行为的人，从另一个角度来思考性教育对孩子的重要性。

懂得孩子爱情发展对于生命完整成长的重要意义，懂得孩子爱情心理成长的规律，这就是"道"；能够运用正确的方式来应对孩子的爱情，这是"术"。"术"生于"道"，得"道"便自然产生正确的"术"。"道"不正，帮助孩子的"术"自然会给孩子带来伤害。当成年人完全不懂得孩子的爱情心理发展规律，不懂得"爱情"早练对孩子未来婚姻的重要性，这是"道"的缺失；成年人不能用正确的方法来应对孩子的爱情，这是"术"的缺失。在"道"与"术"都缺失的状态下，成年人便缺失了应对孩子爱情的能力。这就是成年人生命成长中的缺陷。

第三个层面：孩子的爱情观来自家庭教育

孩子在爱情中的幸福与不幸，取决于孩子的爱情价值观，这不是一堂性教育课就能解决的问题，而是孩子从小在父母价值观的影响下建立的，是家庭教育的结果。所以，我们在讨论孩子爱情的时候，不能够单独看孩子与某个异性的关系模式，而应该从孩子的成长环境来看待。

在本书的最后两个章节，我通过三部电影来讨论青春期孩子的爱情。在英国电影《成长教育》的赏析中，我从家庭教育的价值观出发，探讨了珍妮为什么会在爱情中受到伤害。在香港电影《早熟》与美国电影《朱诺》的对比赏析中，我从两个家庭的教育理念和方法出发，探讨了两个16岁少女怀孕后处理问题的能力，以及两个女孩的心智发展水平。

我始终认为，**性教育不是一项孤立的教育，而是家庭教育的重要组成部分，当家庭教育存在根本性问题，比如：价值观扭曲、不给予孩子成长机会、不给予孩子高级精神养料等，孩子的性教育就会存在相似的问题。**

第四个层面：成年人对孩子爱情的认识误区

在整理多年来收集的案例时，我看到了成年人对孩子爱情的认识误区。在我们的文化下，成年人将“爱情”与“性”混淆不清。对国人来说，只要提到孩子的爱情，立即就会想到孩子发生了性行为。在传统意识中，性是羞耻、色情、肮脏、下流的代名词，于是，成年人的思维自然就有了一个等式：孩子的爱情≈性行为≈羞耻≈孩子是羞耻的。在这个公式之下，孩子一旦有了爱情，就会被父母和老师认为变坏了。如果父母不走出对孩子爱情的认识误区，用错误的态度和方式来对待孩子的爱情，孩子就会受到伤害。这不是父母想要的结果。所以，在本书中，我列出了父母对孩子爱情的认识误区，并用案例解析了这些误区，希望能够帮助成年人看到自己的误区，然后走出误区。

在旧版的《善解童贞》系列中，年幼孩子的爱情和青春期孩子的爱情被分别写进了《善解童贞1：0~6岁孩子的性关怀与性发展》和《善解童贞2：6~13岁孩子的性发展与性教育》中，这一次改版我将两本书中的爱情内容整合在了一起，写成了《善解童贞4：孩子的爱情》。这本书涵盖了幼年和青春期孩子的爱情，适合0~18岁孩子的父母阅读，希望这本书能够帮助到更多的家庭和孩子！

胡萍

2016年10月于深圳

SHANJIETONGZHEN Chapter 1

第1章 生命的密码

爱情发展的程序已经写入了人类基因中
成为生命完整成长的一部分
从这个角度来看待孩子的爱情
或许我们可以有一个新的视角

第一节
生命的密码之一：人类依赖情感维系婚姻的幸福

从婚姻的角度来说，人类和其他动物相比有着很大的差异。绝大多数动物是在每年的发情期发情，发情之后找到各自的配偶，然后交配，之后便各奔东西。大多数动物由雌性抚养后代，只有极少数的动物能够组建“家庭”，由“夫妻”双方共同养育幼崽，比如企鹅。

人类维系婚姻的持久稳定不是依靠每年发情，而是依靠情感。固定的配偶和稳定的家庭关系使得人类的幼崽能够获得更好、更安全的生存空间，能够在稳定的家庭中成长。幼崽健康成长是人类物种繁衍生息的基本条件，因此，人类经营两性情感的能力关系到物种的延续。在人类进化的过程中，学会经营两性情感的程序被植入了人类的基因，成为生命中重要的一项发展能力。

假如一个人30岁结婚，在婚前恋爱的过程中，人类要使用到经营两性情感的能力。如果个体经营两性情感的能力已经发展成熟，在恋爱中既保持热情又不失理智，那么，走向婚姻的过程才是成熟的。婚后，几十年的婚姻生活也需要使用到经营两性情感的能力，才能够维系婚姻的稳定和幸福。

如果成年个体在走进婚姻之前，缺乏经营两性情感的能力，会导致恋爱过程的不成熟，恋情中屡屡犯错，屡屡失败，难以走进婚姻。如果成年个体在进入婚姻之后，经营两性情感的能力不成熟，婚姻关系就会岌岌可危，或许会导致婚姻失败。由此可知，个体经营两性情感的能力直接关系到个体自身的婚姻幸福。

第二节
生命的密码之二：人类经营两性情感能力的早期练习

在人类的生命中，每一项成年之后要使用到的能力，都是从幼年时期开始发展的。比如：运动能力、语言能力、思维能力、性能力、情绪管理能力、经营两性情感的能力……其发展过程都要经历从幼稚到成熟的过程。任何一项能力在幼稚阶段的发展都是孩子进行的早期练习（下文简称为“早练”）。比如，孩子在学会行走前的抬头、翻身、爬、站立、摇摇晃晃地学步，这一切行为是孩子稳定行走前的早练；孩子在顺利地用语言来表达自己的意愿之前，要经历出生后用哭声表达需求，到牙牙学语，再到词不达意的表达阶段，这些过程就是孩子语言发展的早练。孩子学习经营两性情感也有早练，6岁前在恋父恋母的情感中，孩子开始练习经营与异性的情感，孩子在童年、少年和青春期的某一个阶段会对异性产生爱慕之情。在每一段爱情中，孩子都会体验到爱的情感、挫折，甚至是伤害，从而懂得怎样的人才能够与自己共度今生，懂得如何经营爱情、婚姻和家庭。这些情感经历都是为个体未来稳定幸福的婚姻进行的早练。

如果一个孩子没有经过语言发展的早练，又怎么能够学会用语言完整地表达自己的意愿呢？如果一个人没有经历过运动发展的早练，又怎么能够学会走路和跑步呢？如果一个人没有经历过爱情的早期练习，又怎么能够具备经营两性情感的能力呢？又怎么能够有能力去经营自己的婚姻呢？孩子在成年之前就已经开始学习如何经营两性情感，这已经成了自然规律。如果我们顺应这个规律，孩子经营两性情感的能力就能够得到发展；如果我们违背了这个规律，孩子经营两性情感的能力发展就会被阻滞。

我们已经熟知孩子语言早练的时间段，也明白了孩子走路能力发展的早练时间段，而孩子经营两性情感能力的早练是从6岁前的恋父恋母情感中开始。在脱离恋父恋母情感的心理发展进程中，孩子与家庭以外的人的爱情是孩子学习经营两性情感的重要转折，只是孩子情窦初开的时节，谁也无法预料和掌控。一旦孩子遇到一个开启Ta爱情的异性时，情窦就此初开：或许是在2岁时遇见的那个小帅哥，或许是在8岁时遇见的穿着粉红色连衣裙的小女孩，或许是13岁时遇上的一个弹吉他的少年，或许是20岁时遇见的一个厨艺超群的年轻人……至此，孩子生命中爱情的程序被激活，开始了经营两性情感能力的发展。

既然爱情不是由孩子的年龄决定的，而是由开启爱情的那个人出现的时间来决定的，那么爱情就没有年龄上的“早”和“晚”之说，“早恋”的说法就不存在，而存在的只有**“早练”——为婚姻进行准备的爱情早期练习**。经历了早练后，孩子就会拥有成熟的爱情能力用以追求终身伴侣，未来就能够获得幸福稳定的婚姻。我们从这个角度来看个体幼年、童年、青年、成年的爱情，就会用更人性化的方式来对待孩子的爱情。

孩子的爱情可能发生在成长的任何一个阶段，童年、少年或者青春期，年少时的爱情与青春期的爱情有着本质的不同。童年时的爱情，因为个体还不能够承担养育子嗣的责任，生命中性物质尚未成熟（精子和卵子都未产生或成熟），所以不具有性的成分，这是大自然的设定。因此，童年和少年时期的爱情不带有“性”，而是给予孩子体验爱的情感和练习与异性相处的契机。进入青春期后，随着性发育的成熟，繁衍的“程序”开始启动，爱情的目标自然就直指性目的了。因此，在青春期孩子的爱情教育中，帮助孩子学会控制性冲动成了一项重要的内容。

第三节
生命密码之三：生命的完整成长

生命的完整成长包括诸多方面：身体健康、语言、情感、思维、性、学业能力、人际关系能力、经营两性情感的能力……如果我们将一个完整的生命成长过程比喻为一只手掌，那么每一个手指就代表生命的一个部分：大拇指——身体健康，食指——语言，中指——情感，无名指——学业，小拇指——其他。每一个手指的存在都是从孩子出生时就存在的，每一个手指的缺失都意味着这只手的残疾。同样，生命中每一项机能都是从生命诞生那一刻起就存在的，每一项机能的发展都是从幼年开始的，每一项机能的缺失或者发展受到阻滞，都将导致生命本质的残缺。

孩子的每一项机能发展都应该得到成年人的呵护和支持，成年人应该帮助孩子按照生命的节律完成其发展任务，这样孩子才能够获得完整的成长。成年人不能够在孩子的成长项目中进行挑选："我希望孩子身体、学业、思维、语言都能够获得很好的发展，但我不期望他现在有爱情能力的发展。"这样的要求剥夺了孩子按照生命节律进行发展的权利。

人类生命中很多机能的发展都是个体独立的行为，比如运动发展，只要孩子有机会走路，就可以独立完成这个发展；比如语言发展，只要孩子不被限制说话，就可以独立完成语言的发展。然而，孩子的爱情涉及两个人，必须有两个人的参与，不是孩子一个人就可以独立完成的发展过程。于是，孩子的爱情就涉及社会道德，帮助孩子学会爱情中需要遵守的道德就成了爱情教育的重要内容。

爱情的早练会丰富孩子的情感经历，使孩子学会体验他人的感受，经营和守护自己的情感，承受情感的挫折。如果将内心承载情感的地方比作一个杯子，那么，经历了爱情的孩子，情感的杯子中会装入更丰富的体验：思念、孤独、寂寞、快乐、忧伤、幸福……这样的体验会让孩子的情感丰富而成熟。丰富而成熟的情感能够让孩子的内心温柔而坚强，为孩子经受情感的挫折奠定坚实的基础。

"难道父母一定要让孩子去经历这场早练？"这是一位家长对我提出的问题，我想说的是：**孩子是否要经历这场早练不是由父母来决定的，但是，父母可以做好帮助孩子的准备**。在孩子经历恋情时，他们会意乱情迷，经受挫折，这时就需要成年人的帮助。多少年来，成年人对孩子们的爱情进行了各种围追堵截，但都以失败而告终，这就是生命自然的力量。如果我们违背大自然对孩子生命发展的安排，阻止孩子发展经营两性情感的能力，孩子将会错过这个练习的机会，在缺乏经营情感能力的状态下谈婚论嫁，在未来的婚姻生活中困难重重。

SHANJIETONGZHEN

Chapter 2

第2章 童年的爱情

童年的爱情有甜蜜、快乐、幸福
也有失恋、痛苦、孤独、无助
孩子在爱情中也会尝尽酸甜苦辣

第一节 芭学园孩子的爱情故事

在孩子6岁以前的情感发育中，对爱情的体验是很重要的一个部分。孩子在爱情中享受着爱、关怀和体贴的幸福与快乐，也经历着吃醋、失恋和“离婚”的痛苦。我在北京李跃儿芭学园观察研究期间，见证了一幕幕温馨而美丽的爱情故事，常常被芭学园的孩子发自灵魂的情爱所感动，这样的情爱发自人性深处，晶莹剔透，至真至诚！

1.爱上大男人——依依和摄影师的故事

记得那一年六一儿童节，一群家长、孩子在欢庆，唯独刘老师站在场地中间，托着摄像机落寞地静立。我带依依过去打招呼，刘老师伸出大手，手心向上，依依很有默契地把小手扣上去，两人的手握在一起，无言地看着远方。

——依依妈妈手记

依依3岁，不愿意结交朋友，每天一个人独来独往。这一年，著名的摄影师刘德东老师进驻芭学园，要在芭学园进行为期一年的摄制工作，用镜头来记录芭学园孩子的成长。这些镜头记录的资料最后制作成了电影《小人国》和电视纪录片《成长的秘密》。刘老师一到芭学园，就被依依充满灵性的气质吸引，依依成为其拍摄的主要角色之一。刘老师的镜头和目光经常关注着依依，依依自然也就与刘老师开始交流起来。刘老师成了依依第一个朋友，他们之间很默契，有时候的交流甚至是无声的。

这年年底，刘老师的拍摄就要结束了，有一天在办公室，我和刘老师说到他离开后还会不会来看依依。依依对刘老师说："等我上小学了，就变成了大女人，那个时候我会穿很漂亮的裙子，你就不认识我了。"刘德东深情地说道："依依，你变成蝴蝶我也认识你！"依依低着头，在办公室里来回走动，我看不到她的表情。隔了一会儿，依依抬头看着刘老师，问："你知道梁山伯与祝英台的故事吗？他们就是变成了蝴蝶！"然后开始给刘老师讲述梁祝的爱情故事。此时，我已经成为局外人，由衷感叹着一个4岁女孩与46岁男人之间的默契！

刘德东完成了一年的拍摄任务后离开了芭学园。在离开两个月后，他回芭学园看望孩子们。这天，李跃儿进大厅时正好碰到依依，于是告诉她："刘老师回来了，在院子里，过一会儿就进来。"依依没有到院子里找刘老师，而是保持着她的矜持，一脸沉静地坐在一楼的楼梯上等待刘老师进来。刘老师却迟迟没有出现，后来所有的小朋友都上楼午休了，只有她在等待。坐了一会儿，她突然要贺静老师带她到楼上换裙子，贺老师明白依依的心，带她上楼拿了裙子。这时依依却哭了起来，边哭边着急地说："来不及了！来不及了！"原来依依希望刘老师在见到她的第一时间看见她最美丽的样子，可现在裙子还没有换上……贺老师一边给她换上裙子，一边安慰着她："刘老师还在工作，一会儿才进来，来得及来得及。"李跃儿见状，立即下楼去找刘德东。刘德东也立即放下手上的工作，满怀感动地奔向依依。

后来，刘德东很少有时间回到芭学园。那一年里，我每次到芭学园，依依都会问我知不知道刘老师在哪里，什么时候来看她。我告诉她刘老师在武汉，工作很忙，等忙完就会来芭学园看她。依依耐心地等着刘老师来看她的那一天。

一次，我问依依想不想给刘老师打电话，她说很想。我又问她："你想给刘老师讲点什么呢？"她不假思索地说："我要问他过得好不好！"似乎她早就想好了似的。我立即拿出电话打给刘老师，说依依要和他通话。依依接过电话，声音急促地讲道："刘老师，你现在在哪里？你什么时候来看我……"只听到刘老师在电话里告诉依依："依依，我会来看你的，我工作忙完就去北京看你……"

不知道是什么触动了内心最柔软的地方，我的眼泪流了下来。那时，依依才5岁。刘老师告诉我，在他的工作室里，挂着一张他为依依拍摄的照片，他经常想念着依依。

或许，正是与刘老师的这段依恋之情，敲开了依依的情感之门。后来，依依在芭学园有了非常亲密的朋友，并且融入了团体，在芭学园里快乐地成长着。她仍然期待着刘老师到芭学园去看望她！2009年8月，依依离开了芭学园进入小学学习。

2.结婚、离婚——佳和睿的故事

5岁多的佳和睿已经“相恋”很长时间了，进入“谈婚论嫁”的阶段。双方回家后与父母认真讨论了这个问题，提出想办一场婚礼。睿的父亲给李跃儿打电话，希望芭学园为儿子举行婚礼，佳的父母也同意在芭学园举行婚礼。李跃儿考虑后决定答应双方父母的请求。

婚礼的时间由佳和睿自己商定，定下时间后睿开始打电话通知佳的爸爸和妈妈，还让爸爸买上一束鲜花，来到佳的家里，商定了举办婚礼的时间。睿让父母买好了戒指（玩具戒指），做好了婚礼的一切准备。芭学园第一次为孩子举行婚礼，当然要认真对待，教师们为此做了精心准备。这一天，园里张灯结彩，孩子们利用教室里平日用来装扮的布料、丝绸、纱等，也纷纷将自己装扮起来；新娘身披白纱，头戴花冠，新郎身着大红色长袍，门上贴着大红的喜字，双方父母也来到现场，婚礼正式开始了。

婚礼是西式的，比较简单，由李娜老师扮成牧师主持婚礼。当婚礼进行到交换戒指的环节时，睿却将准备好的戒指搞丢了。佳顿时生气地哭了起来，认为睿不爱她，连戒指都不好好保管。睿一时也慌了神，不知道该怎么办才好。李娜老师及时将自己的戒指借给了睿，在睿给佳戴上借来的戒指的一瞬间，佳甜蜜地笑了，原谅了睿的粗心。

婚礼后的一个星期里，佳的情绪低落，午睡的时候常常哭哭啼啼，乱发脾气，谁也不知道是什么原因。终于有一天午睡的时候，佳憋不住了，伤心地向老师哭诉："呜呜呜……我的丈夫和别的女人睡在一起！呜呜呜……他们还那么亲密地讲话，呜呜呜……"被佳的情绪困惑了一周的教师们终于明白了，原来睿午睡的邻居是个女孩，午睡的时候睿会与女孩讲话。佳吃那个女孩的醋了！

佳对睿与其他女孩交往很不高兴，睿却认为那场婚礼不可以限制自己的自由，他有权利与其他女孩聊天。睿依然故我地与其他女孩交往，佳的醋意越来越大。几个月后两人找到了当时为他们主持婚礼的"牧师"李娜老师，提出要解除婚姻。

"牧师"问："你们考虑好了吗？可不可以说一下你们要解除婚约的理由呢？"

佳说："他要和其他女生讲话，我已经告诉他不可以了，他还这样！"

睿说："我不喜欢她这样限制我！我们已经商量好了，离婚了，我和别的女孩讲话她就不生气了。"

"牧师"说："婚姻是需要非常认真对待的事情，结婚和离婚要认真考虑，但有时候我们也有考虑不周全的时候，既然你们经过考虑决定离婚，我同意。"

最后，两个人高高兴兴地"离婚"了。

"离婚"后，佳与睿保持着好朋友的关系，对于睿与女生聊天说话的事情，佳不再生气了，她说："我们已经离婚了，他是可以与别的女生说话的。"

佳和睿的情感是真挚的，无论当初的"热恋"还是后来的"离婚"，都是出于两人内心的真实，通过从热恋到离婚的经历，他们体验着内心的情感，也体验了他们所理解的婚姻的酸甜苦辣，最重要的是，他们学习了如何处理婚姻中的矛盾，并且妥善地处理了两人的关系。这为他们今后在各自在婚姻中处理夫妻关系进行了早期练习，同时，也对处理离婚后的关系进行了早期练习。

3.失恋——蒙与帅的故事

在芭学园户外活动时间，5岁的女孩蒙总要带上她漂亮的黄色小阳伞，一到户外便撑开，像个会保护自己皮肤的女人一样。这段时间5岁多的帅与蒙形影不离，蒙在什么地方，帅一定会出现在她的身边。帅只要看见蒙打着阳伞，一定会上前将伞接过来，帮蒙举着，保护着蒙。即使蒙在大型玩具上玩滑梯，帅也是举着阳伞紧跟着她。蒙很享受帅对她的好，两人常坐在院子的某个地方，帅撑着阳伞，蒙坐在帅的身边，说笑着度过美妙的时光。我常被这样的画面感动着，想着自己的童年时代不知道有没有一个男孩如此温柔地爱过我！

时隔三个月，我再回到芭学园的时候，帅已经移情别恋了。蒙没有再带她的小阳伞到芭学园，院子里，落寞的蒙和与新欢在一起玩乐的帅形成了鲜明的对比。蒙的妈妈告诉我，蒙这段时间很痛苦，回到家里会莫名发火生气，还会很生气地谈到她的“情敌”。有一次，妈妈去接蒙时遇上“情敌”和她的妈妈，两个妈妈寒暄时，蒙很不高兴地叫妈妈带她离开，蒙对妈妈说：“我不想看到她！”妈妈明白女儿“失恋”的痛苦，同时妈妈也知道蒙只要顺利度过这段艰难的时期，内心便会坚强起来。

失恋是每个孩子长大之后在寻求伴侣的过程中都可能遇到的情感挫折。当幼年时期的爱情不期而至，并尝试了失恋带来的伤心和痛苦后，孩子的内心慢慢就会变得坚强起来，这也是为以后在青春期或者成年后的失恋进行的早期练习。长大后再次遇到失恋时，孩子虽然痛苦，但他们会清楚地知道这样的痛苦会过去，新的情感会到来，会理智地处理失恋中两人的关系。

4.等待——琴与阿南的故事

琴与阿南5岁左右。我第一次见到琴是一个冬天，看到她一个人闷闷不乐地坐在一个角落里，不进入工作，也不同其他小朋友游戏，心情很沉重的样子。李跃儿告诉我，阿南今天没有来幼儿园，琴很沮丧，每天琴都会在芭学园的大门口等待阿南40分钟，无论刮风下雪她都这样。后来我才知道阿南是个男孩，只要阿南不到芭学园，琴一整天都会不开心。于是，我开始注意他们。

在一个大雪纷飞的早晨，琴穿着厚厚的粉红色冬衣，戴着帽子和手套，面无表情地站在芭学园的门口。与琴同一个校车来的孩子都换鞋进入了温暖的房间，开始一天的芭学园生活了，只有她还在等待。阿南家远，每天比琴要晚40分钟到芭学园。

孩子们和老师都知道琴的等待，所以没有人来要求琴进房间。琴如一尊雕像般望着阿南来的方向，没有任何表情，芭学园这个画面深深地印刻在我的灵魂深处。10多分钟过去了，老师从房间出来，关切地问琴要不要进房间。琴依然没有表情地摇了一下头，拒绝了老师的好意，继续如雕像般站立着。

40分钟过去了，送阿南的车来到芭学园，琴远远看到阿南便露出了笑容，那笑容渐渐泛开，如同盛开的芙蓉花。她的视线跟随着阿南一直到她面前，此时的琴仿佛生命重回躯体，全身的每一个细胞都被幸福和快乐充满！琴将准备好的礼物——一片芭学园的落叶送给阿南，然后和阿南一起换鞋，进入房间。

在有阿南陪伴的日子，琴开心快乐地和阿南一起工作和游戏，积极参与教师的课程。阿南对于琴对他的这份情感很“呵护”，尽管他有时候觉得琴老跟着他，使他的朋友范围不能够扩大，但他从没有对琴表现过“不耐烦”的情绪。春夏秋冬，随着季节的轮回，一年多过去了，琴仍然在每个清晨这样等待阿南的到来。每天，在芭学园的门口，我们都可以看到一个女孩在等待。

由于琴只愿意与阿南待在一起，不与其他小朋友交往，考虑到孩子的社会交往能力的发展，李跃儿与双方父母交流后，慎重之下做出决定：将他们分开！同时观察琴与其他小朋友的交往情况，这样也可以使阿南能够扩展交友范围。芭学园有三所园，他们决定将阿南留在原处，琴到另一所园。

在分开之前，李跃儿与两个孩子谈话，告诉他们下周一开始他们就不在一个园里了，琴会去到另外一个园生活，结识新的朋友和新的老师。琴没有表示反对，阿南也同意，只是阿南对琴与他分开存有一丝担忧，他对李跃儿说：“你把我们分开对我倒没有什么，不知道她受不受得了啊！”

琴和阿南分开后，琴很快在新的环境中找到了自己的伙伴，她与女孩发展起友谊，有了自己的群体，社会交往能力大大发展，很多男孩也喜欢与琴在一起玩。阿南也有了很多朋友，另一个女孩爱上了阿南。两个月后，李跃儿安排了一次机会让琴与阿南见面，阿南班级的小朋友一起来到琴所在的园，琴与阿南见面后如好朋友一样，两人都很开心。

在琴毕业离开芭学园的那天，孩子们与琴拥抱，自发地唱起：轻轻地我将离开你，请将眼角的泪拭去，漫漫长夜里，未来日子里，亲爱的你别为我哭泣……

在这些故事中，我们看到了芭学园的老师和父母是如何理解与帮助孩子成长的，这样的理解和帮助才是对孩子真正的尊重，才是真正的爱！孩子在一个得到尊重的环境里，人性的萌芽才会出落得美丽而端庄！

第二节 孩子的婚姻敏感期

孩子在3～6岁阶段，其心理发展会经历一个婚姻敏感期，孩子们会对亲吻、恋爱、结婚的话题非常感兴趣，他们会大声讨论这类问题。

1.孩子进入婚姻敏感期的表现

孩子进入婚姻敏感期后，会出现各种表现。

对结婚的话题感兴趣

女儿4岁多，最近对结婚感兴趣了，画了两只小兔两只小猫结婚，常常问爸爸和妈妈结婚的问题。

模仿成年人结婚的仪式

儿子5岁，跟班里的一个女孩相互喜欢，两人在家里举行了婚礼，拿着带纱的电脑罩盖在头上，纱布系在身上，站在一起宣布一下，就认为是结婚了。现在还玩怀宝宝的游戏，把两个玩具放在肚子上，就说他们怀孕了。

希望与一个异性结婚

女儿5岁，从上学前班开始就非常喜欢一个男孩，经常会说："我喜欢他。"女儿还经常在家做卡片送给他，或者画画送给他。如果在梦里梦见了这个男孩，女儿就很高兴。上学期她对老师说，她想和这个男孩结婚。这种表现已经持续快一年了，女儿依然很喜欢这个男孩。

举办自己的结婚仪式

女儿6岁，5岁时与一个喜欢的男孩结婚，他们选择在游戏网站上举行了婚礼。有了这一场"婚礼"之后，女儿非常满足，对后来的"恋情"特有免疫力，不会不知所措了。

喜欢帮同伴"配对"起哄

女儿6岁，一天，放学后接女儿时，看到她与同学们一起在玩，一个同班的女孩冲着两个扭打的男孩不停地喊："王XX和张XX结婚了，亲亲嘴亲亲嘴。"后来，男孩子们离开，三个女孩一起玩，远远地我又听见这个女孩在喊："王XX和赵XX结婚了，亲亲嘴亲亲嘴。"另外一个女孩大声喊："我喜欢明明，我要和他结婚。"这个女孩嘻嘻笑着问："那你要不要和他生孩子，和他一起住？"

2.芭学园孩子的婚礼

有的孩子进行着"结婚"的游戏，并非意味着他们是因为"爱情"而结婚，他们或许仅仅是体验角色情感；有的孩子已经进入"热恋"，他们体验着"爱情"，但他们却没有举行婚礼；有的孩子因为爱情，举行了婚礼。孩子的情感世界丰富而神秘。

在孩子的理解中，结婚就是有美妙的婚礼，就是两个人相亲相爱，永远幸福地生活在一起。于是，他们在自己的游戏中开始体验结婚，在游戏中与自己喜欢的同伴“结婚”，举行婚礼，成为夫妻，然后像爸爸妈妈那样“过日子”。在北京李跃儿芭学园观察研究期间，我见证了很多孩子的“婚礼”。由于芭学园每天都有孩子自由工作时间，孩子们便有了自己规划和实施婚礼的自由空间和时间。这些婚礼是孩子们自己决定、自己举办的，他们可以邀请成年人参加，但成年人不可以太多干预。孩子们对自己的婚礼有着不同的追求，每一对孩子举行婚礼的方式各有不同，我归纳了一下，大致有3种结婚仪式。

豪华张扬型

孩子邀请了双方父母和小朋友们参加，也请老师帮助自己准备婚礼场景（因为参加了很多成年人婚礼，所以进行场景模仿），请老师担任主持人。婚礼仪式中有以下环节：穿“婚纱”（实际上就是在头上披块白纱）、放音乐、交换戒指（孩子请父母提前为自己准备好戒指）、相互亲吻拥抱。这种婚礼很隆重，看得出来两个孩子很用心地模仿着公主和王子结婚的情景，参加婚礼的小朋友们像过节一样快乐。婚礼的所有过程都是两个孩子自己商量和决定的，芭学园和家长只需要协助孩子完成，在这场婚礼中，孩子是主体。

浪漫温馨型

不通知任何人，也不宣布结婚信息，两个孩子默默地将自己披红挂绿地打扮一番后，举着从家里带来的一把大红色雨伞，静静地站在教室的某个地方。两个人像在进行某种神圣的仪式一般，没有任何表情地站上半小时左右后仪式结束。这样的仪式连续进行了两个月后，这场马拉松式的婚礼宣告结束。

生活实用型

两个孩子自己商定结婚，没有任何仪式，只是向大家宣布一下：我们昨天结婚了，就完成了结婚的过程。然后，两个孩子每天在一起过家家，享受他们的“婚后”生活。这样简朴的结婚仪式成了大多数孩子的选择。

一天早上我来到芭学园，一进教室就有两个4岁左右的孩子过来，激动地对我说："胡萍，我们昨天结婚了！""啊！你们昨天结婚啦！恭喜恭喜，你们谁是新娘呀？"两个孩子都是一样的短发，我分不出男女了。我以为其中的女孩会告诉我她是新娘，结果，两个孩子同时说："我是新娘！"看着我迷惑不解的样子，一个孩子说："我们都是新娘，也可以是新郎！"我理解了，他们随时可以角色互换。

向我报告喜讯后，两个孩子回到他们的"家"（一个娃娃屋），然后商量着谁当妈妈，谁当爸爸，谁要去买菜，谁在家里照顾宝宝，谁开车。他们用布娃娃当他们的宝宝，过家家的游戏就这样开始了。在游戏进行到一家人外出郊游的时候，由"丈夫"开车，车由一个长凳代替，"妻子"抱着孩子坐在副驾驶的位置。郊游回来后，妻子忙着给孩子喂奶，丈夫说："我要出去办事了。"然后开着"车"扬长而去……

孩子们会在这样的游戏中体验家庭生活，体验"夫妻"之间如何配合做"家务"。他们通过模仿父母之间的交流方式学习合作，实践男人与女人在家庭中的分工与合作，体验各自承担的角色感受，这样的游戏是孩子在为未来的婚姻家庭生活进行的早期练习。在这种以游戏方式呈现的早期练习中，孩子的发展任务就是体验角色情感，这是这个年龄阶段孩子婚姻敏感期的主要任务。而婚姻中的责任则是要等到孩子进入青春期后，在心智发展更加成熟的状态下进行的学习。

3.不要为孩子举行集体婚礼

媒体报道了国内一所幼儿园主动为100多个孩子举办集体婚礼，我从图片上看到这些举办婚礼的孩子年龄都在5~6岁，女孩们都穿着款式基本相同的婚纱，男孩们都穿着款式基本相同的礼服，婚纱和礼服基本就是成年人婚纱和礼服的缩小版。看得出来，老师和家长为这次活动尽心尽力。老师们模仿西方人结婚的程序，为孩子们举办集体婚礼，这个集体婚礼类似于一次上台节目表演，穿着婚纱和礼服的女孩和男孩们，一对一对手挽手地走上舞台，接受家长们的欢呼与祝福，在这样的欢呼声中，孩子们结束了自己的婚礼。

我从这场幼儿集体婚礼的照片中，看不到孩子们从内心流露出来的幸福感，他们的笑容更像是在迎合台下的父母和老师，他们的动作更像是为表演而设计。我想在孩子们的感受中，这不过是一场婚纱和礼服的秀场，而不是让人内心溢满幸福的婚礼。这样的一场秀，破坏的是婚礼的神圣感（穿上礼服走过场）和孩子的独立自主感（婚礼由他人控制），这样的集体婚礼不是孩子自由意志的体现，也不是孩子所需要的。在报道中，幼儿园负责人说他们是让孩子自愿报名参加这次集体婚礼，家长们也是自愿参加的，没有强迫孩子和家长的做法。

在另外一些幼儿园里也有为孩子举办集体婚礼的现象。对于幼儿园为孩子们举办集体婚礼的做法，我认为是不妥的，其理由如下：

第一，这100个孩子中，每一对挽手走上舞台宣布结婚的孩子，都处于热恋中吗？一所幼儿园有50对孩子处于热恋中，而且都有结婚的渴望，这有多大的可能性呢？以我在幼儿园多年的研究经验，对此我表示怀疑。如果挽手走上舞台的一对孩子不是热恋中人，那么，这样的结婚场景给孩子带来的认知是：结婚就是找一个人做一次表演！这样的认知会成为孩子未来认知婚姻的基础，由此，破坏了孩子内心对进入婚姻的正确认知。

第二，即使这100个孩子都进入了婚姻敏感期，有了自己爱恋的人，又有多少孩子愿意举办结婚仪式呢？根据我的观察和研究，一些孩子虽然有了爱情，但他们并没有想到要举办结婚仪式，或许孩子认为还不到举办结婚仪式的时候。如果此时幼儿园为孩子举办集体婚礼，就提前唤醒了孩子对婚礼的兴趣，没有顺应孩子自身发展的生命节律。

第三，每个孩子对自己婚礼的要求不同，正如我在芭学园看到的那些孩子，他们审美不同，对自己的婚礼设计得也不同。比如，那对每天举着红伞庄严站立半小时的孩子，他们的浪漫情怀是成年人无法理解的，这两个孩子非常在乎婚礼的私密性，独享两人的爱，不愿意他人打搅。如此个性独特的婚礼，比起那场百人化妆婚礼表演，不知高贵了多少！孩子们对自己的婚礼有着不同的追求，每一对孩子自主举行的婚礼都是独特的，是两个进行结婚仪式的孩子自由意志的体现，不能被成年人操办的集体婚礼替代。

第四，幼儿园大肆操办孩子的百人集体婚礼，对于一些尚未进入婚姻敏感期的孩子是提前唤醒，唤醒了这些孩子对找一个异性结婚的兴趣。如果教师用集体婚礼的方式来刺激孩子对结婚的欲望，就是对孩子正常心理发展进程的破坏。

教育的实质是帮助孩子成长，这种帮助一定是建立在孩子生命发展的节律上，如果教育脱离了孩子的发展规律，那么，给孩子发展带来的只能是破坏。在这100多个孩子中，有多少孩子想以老师举办的集体婚礼来完成自己的婚礼呢？有多少“恋爱中”的孩子根本没有结婚的念头，就被强行加入这个集体婚礼？有多少孩子为了成年人举办的这场秀，被强行配成了一对结婚伴侣？在这场集体婚礼中，到底是体现了每一个孩子的自由意志，还是孩子们被成年人当成了一个开心节目的玩具？幼儿园为孩子举办集体婚礼，这是对孩子的不尊重，剥夺了幼儿对自己婚礼自主的权利。

4.成年人应对孩子婚礼的原则

原则一：尊重孩子的心理发展规律

儿子4岁，这周不愿意去幼儿园上学，问他原因，他哭着告诉我：“老师要让每个小朋友都找一个结婚的对象，然后大家一起结婚，我不愿意结婚，我不去幼儿园！”后来我问老师，才知道老师搞了一个集体婚礼的活动，要求每个孩子都要找一个小朋友结婚，我不知道老师这样做对不对？

老师强制性地要求孩子找一个同伴作为结婚对象，为孩子们举行集体婚礼，这种做法是错误的。

原则二：尊重孩子对婚礼的意志

女儿3岁，我好希望她的婚姻敏感期早点到来啊，想为她准备婚纱，准备漂亮的头花。

每个孩子对于自己的结婚仪式有着自己的想法和意志，父母不要急于将自己的想法强加给孩子，如果孩子需要婚纱和头花，父母才可以为孩子准备。总之，要跟随孩子的意志。

原则三：为孩子提供必要的帮助和支持

在幼儿园每天的时间安排中，只要孩子有足够的自由活动时间和空间，他们就有机会来实施自己的婚礼。成年人要做的事情是：给予孩子自己规划和实施婚礼的自由空间和时间，在孩子向父母提出需要帮助的时候，父母给孩子提供帮助，比如买花、买戒指（玩具戒指）等。当两个孩子自己提出要举办婚礼时，成年人应该尊重孩子的“结婚”意愿，并帮助孩子达成心愿。

原则四：让孩子为自己的婚礼做主

什么时间结婚、结婚的仪式如何、是否邀请朋友等，这些都是应该由两个孩子自己决定的，成年人不可以太多干预。在“筹备”自己的“婚礼”期间，孩子的自主性、创造性、统筹能力、思维能力、审美能力等都能够得到一次发展的契机，如果成年人包办了孩子的婚礼，就夺走了孩子这次发展契机。所以，在帮助孩子成长中，成年人不仅仅需要热情和“好意”，更需要教育的智慧！

5.成年人对孩子婚礼的认识误区

当我们对孩子的成长规律知之甚少的时候，就不能够理解孩子在年幼时期的婚礼给孩子带来的发展是什么，也不能够理解孩子现在的结婚对未来的恋爱和婚姻有怎样积极正面的影响。于是，成年人对年幼的孩子结婚一事自然就会产生诸多认识上的误区。

误区一：孩子应该懂得婚姻中的包容和体谅

幼儿园孩子对待“结婚”的概念很模糊，他们真的懂得“结婚”后要相互体谅、相互包容、相互关爱这样的概念吗？

年幼孩子的结婚与成年人的结婚有着完全不同的内涵。儿童的结婚意味着“我们俩成了最好的朋友，就像爸爸和妈妈那样”。儿童的婚礼是儿童体验爱情的一次行为。

成年人的结婚仪式所包含的内容有责任、互相支持、相互包容、相互体谅、相伴到老、生儿育女、经济共同体等。年幼孩子的婚姻中不包含责任、互相体谅和关爱，随着孩子的长大，他们会学会承担责任、包容、体谅，这些素养成为孩子人格的一部分之后，孩子将变得成熟。当孩子进入成年选择配偶的时候，就会将这些素养植入爱情和婚姻，到那个时候，他们就会懂得婚姻中的包容和体谅了。

如果要求一个年幼的孩子在结婚游戏中达到成年人对婚姻的承担和理解，那是对年幼孩子的无理要求。另外，孩子对婚姻中的“互相包容、体谅”等素养，不是在结婚游戏中就能学会的，而要通过在日常生活中所接受的教养来养成。

误区二：年幼的孩子“随意”结婚和离婚，会不会影响孩子的价值观

年幼的孩子举办一场甚至多场“结婚”“离婚”、再“结婚”、再“离婚”的仪式后，会不会导致他们在幼小的心灵里埋下“合则来，不合则散”这种价值观的种子？进而将这种对待婚姻极其随便的态度带入到成年阶段？

年幼孩子的结婚从本质上来说是一种儿童游戏，儿童的游戏在儿童社会化进程中起着重要的作用。在结婚和离婚的游戏中，儿童在学习如何经营自己的情感，如何与异性相处，如何寻找到能够理解自己和包容自己的异性。孩子在这些

游戏中体验到的爱的情感，以及经营情感的能力，为其长大后寻找适合自己的配偶奠定了基础。

在幼儿园里，一部分孩子是与自己相爱的人举办婚礼，这是真情实意的结婚；另一部分孩子是口头上谈论要与谁结婚，但似乎没有结婚的迹象，这类孩子多半是处于“单相思”状态；还有一部分孩子只是在做游戏的时候，临时与一个伙伴做结婚游戏，这就是临时起意而已。这三类结婚中，只有真情实意的结婚是走心的，不是停留于形式。这种类型的结婚，孩子们是认真的，而不是随意的。所以，成年人不能认为孩子的结婚都是随意的。

只要是真情实意的结婚和离婚，不管一个孩子经历了多少次，对这个孩子来说，都是在为自己未来的择偶积累经验。在芭学园中，有一对孩子离婚了，他们的离婚过程，让孩子们学会了理智地应对婚姻中的矛盾，将成为这两个孩子在未来处理自己婚姻关系的经验。在孩子的成长过程中，他们会经历很多人生故事，每一次的经历都会成为未来生活的经验。

年幼孩子的爱情和结婚，两个孩子在其中除了爱，没有任何其他既得利益，因此这份情感才显得干净和珍贵。对于孩子发自生命规律的行为，我们不可以用道德来进行评判，更不能够忽视孩子的心理发展年龄，妄自推论孩子现在“随便结婚离婚”，未来也会“随便结婚离婚”。孩子在幼儿园的结婚，距离孩子成年后的结婚，还有很长的成长阶段。在这个成长阶段中，孩子需要从成年人的教养中建构起健康的价值观和人生观，这些价值观和人生观才是决定孩子未来婚姻状况的基础。而孩子的结婚游戏仅仅是一种练习和体验。

误区三：孩子应该具备婚姻中的责任感

年幼孩子不懂得婚姻中的责任感，他们的结婚合适吗？我认为应该制止孩子结婚，对孩子的结婚要进行责任感的教育。

我们小时候都玩过家家的游戏，在游戏中，孩子们扮演爸爸、妈妈和宝宝，从来没有成年人在我们玩过家家游戏的时候，要求扮演夫妻的两个孩子必须要有责任感，必须要白头到老，长大后必须要成为夫妻，否则，就不可以在过家家游戏中扮演夫妻。因为没有成年人的道德绑架和横加干涉，这个游戏得以延续千年，孩子们乐此不疲。

如果按照质疑者的逻辑——孩子不懂得丈夫和妻子的责任，他们就不应该玩过家家游戏，或者，他们在玩过家家游戏的时候，成年人要先对扮演夫妻的两个孩子进行责任感教育，这岂不成了笑谈！

成年人婚姻中的责任感不是在孩童时期的结婚游戏中建立起来的，而是在成年人对孩子日常生活的教养中建构的。如果孩子得到良好的教养，成年后就懂得担负起婚姻中的责任；如果孩子没有得到良好的教养，成年后就不能够担负起婚姻中的责任。

第三节 应对年幼孩子爱情的原则

应对年幼孩子爱情的原则有以下几个，我们分别以案例来讲解这些原则。

原则一：尊重孩子的爱情

女儿5岁半，与男孩交往总是很害羞。最近一段时间，我为女儿请了一位小提琴老师嘉嘉。嘉嘉是一位20岁出头的男孩，长得帅气，气质迷人，在美国一所著名大学学习小提琴。

有一天，女儿兴奋地对我说："妈妈，我要和嘉嘉哥哥结婚！我喜欢他！"我本能地反应这是不可能的，女儿与嘉嘉的年龄相差十几岁呢，但我没有说出我的真实想法，我觉得让孩子保有幻想也是好的。过了几天，她很认真地告诉我："我问了好朋友了，她爸爸就比妈妈大十几岁，现在特别幸福。"我惊叹女儿已经思考到了年龄悬殊的问题，而且已经在调查取证，证明年龄悬殊不等于婚姻不幸福。

我把这件事情当作笑话讲给嘉嘉听。开朗的嘉嘉说："好啊，现在不是流行大叔和萝莉嘛。"我问女儿："你想要和哥哥结婚，是不是想让哥哥给你天天调琴啊。"女儿很认真地点点头。我提醒女儿："哥哥在美国哦。"嘉嘉却对女儿说："你可以来美国上学啊。"女儿说："我不要去美国，我要去香港上大学，因为香港有迪斯尼，还有公主戒指。"嘉嘉说："美国有世界上最大的迪斯尼。"女儿没有说话。回家想了一晚上，女儿对我说："妈妈，我决定长大去美国读书，你别忘记来参加我们的婚礼啊。"我问："万一你去了美国，哥哥已经与别人结婚了怎么办呢？"女儿说："哥哥遇见更好的人结婚了，我也会遇见更好的人的。"听了女儿的话，我好欣慰啊。

我问女儿对嘉嘉的看法。女儿说："嘉嘉哥哥不仅人长得帅，有能力，他的心里也开着五彩的花，而且最重要的是非常喜欢我，这个我可以感受到。"看着女儿洋溢着幸福的笑脸，我很开心。女儿谈到了她结婚后生孩子的问题，她说："嘉嘉哥哥家里有几个孩子啊，要是只有他一个孩子的话，我和他结婚后还是可以生两个宝宝的。"在女儿幼小的心灵里，结婚、生孩子是非常美好的事情，就是她眼中的真善美。这一份美好的感受我要好好呵护，我相信它会影响女儿一生的。

对于5岁半的女儿来说，她在寻找力量去探索外面的环境与人，与嘉嘉的这份关系让女儿对这个世界充满了信任感，这种信任感会影响她的一生。感谢嘉嘉，在女儿情感萌芽的时候遇到了你，一个善良纯真的孩子，保护了女儿幼小的心灵！感谢我自己和先生，尽管先生有点小吃醋，小失落，女儿很认真地对先生说："爸爸在我们家男人中是我最爱的男人，嘉嘉哥哥是外边的男生中我最喜欢的。"让先生的内心得到了一点点平衡吧。

在5岁半女孩的爱情故事里，我们看到了女孩父母和嘉嘉对女孩情感的尊重和保护。

原则二：理解和接纳孩子的感受

女儿5岁，有一次我听到她谈论到班里的一个男孩，表情很兴奋，我就问她："他是你班里最帅的吗？"她说："是。"我问："你喜欢他？"她害羞地点点头。她还告诉我，班里另外一个男生向她表白了，她很高兴。说这话的时候，也是害羞的表情。虽然她不懂那是什么，但是她那害羞的表情让我真是琢磨不透。

当孩子在对父母述说自己的爱情时，父母只要认真听，让孩子感觉到她的主动分享被父母接纳和理解，不需要父母说太多的话，也不要对孩子提过多的问题。如果孩子在交流中对父母提出问题，父母要尽力为孩子解答，保持交流的顺畅。

原则三：倾听孩子的爱情故事，分享孩子的幸福与忧伤

案例一：

女儿5岁，前段时间回来和我说体育男老师喜欢她。我说："老师喜欢每一个小朋友啊！"她说："不，他追着我，想和我说话，我好几天没去，他还和我说，他想我了。"她说的时候还有点小害羞的样子。我说："我也喜欢这个体育老师。"然后她就很兴奋。

倾听孩子述说自己的情感感受是应对孩子爱情的重要方式。在倾听的同时，父母要积极回应孩子的分享。

案例二：

女儿6岁，常常说一些诸如爱情、谈恋爱、结婚之类的话，对此我没有过多地表达自己的意见。有一次她看见两只猫在一起，就告诉我，这是猫在谈恋爱。

我只是简单地说："也许是。"她多次和我说起她和班上一个男孩谈恋爱了，就要结婚了，我也没说什么。后来她一再追问我她和男孩可不可以结婚，我才说："那就祝你们幸福。"我很想给她一个宽松的环境。

孩子会与妈妈谈及自己的爱情，希望妈妈能够与自己分享这份幸福和快乐，想得到妈妈对此事的看法和态度，以此来测试自己对此事的限度。如果妈妈对孩子的话题不回应，或者以模棱两可的回答来回应孩子，孩子将不能够肯定自己对异性的爱的限度在哪里。案例中妈妈的做法让孩子感受到妈妈内心对她的拒绝、轻视和不尊重。

如果我的儿子在6岁时告诉我他喜欢上了一个女孩，与女孩正在恋爱，准备结婚了，我会立即停下手中的工作或家务，惊喜地看着儿子说："是吗？妈妈听到这个消息真是太高兴了！来，和妈妈讲讲这个女孩。"然后母子俩坐下，认真而温馨地交流以下内容：女孩是谁，儿子为什么喜欢她，对结婚有什么打算，需要妈妈和爸爸哪些帮助……这样做儿子才会感觉到妈妈对他的信任和支持，愿意与他分享他的幸福，也会让他建立起选定结婚对象、自己决定结婚事宜的自信，在这样的自信中他才会体验到幸福感。

原则四：不可以将孩子的情感当笑料谈资

女儿4岁多，在幼儿园上小班，昨天她羞答答地告诉我她喜欢班里的一个男孩，要和这个男孩结婚。我当时就笑了起来，她很生气不让我笑。今早和我老公说到她喜欢这个男孩的事情，我和老公都笑了起来，她又很生气。我们应该怎么去引导她？

孩子告诉父母自己情感深处的隐秘事情，是想获得父母的情感支持，如果父母将孩子的情感当作笑谈，会让孩子感觉到自己的情感被亵渎，这会让孩子伤心和生气。

原则五：告诉孩子行为的界限

女儿3岁半，最近喜欢上班里新来的一个小男生，对他特别照顾，帮他搬椅子、拿拖鞋，甚至还帮他做数学作业，常常在回家后跟我提到这个孩子，每次都特别高兴，总说男孩是她最好的朋友。今天老师告诉我，女儿在上课的时候和男孩说话，还你亲我一下、我亲你一下，完全游离在课堂之外。后来老师找她谈话了，告诉她两个小朋友是好朋友没关系，但是不能影响上课，而且也提示说全班同学都是好朋友。刚听到这个消息我有点蒙，不知该如何处理？

当3岁多的孩子在课堂里出现“违规”行为的时候，老师可以及时地提醒孩子，让孩子结束“违规”行为。课堂里及时处理比课后与孩子谈话更能够让这个年龄阶段的孩子懂得上课的纪律。幼儿园里应该有更多的自由活动时间，让两个孩子有自由的交往，如果在上课的时间，孩子难以控制自己，可以将两个孩子的座位调开。

另外，老师提示女孩“全班同学都是好朋友”这句话，是对女孩情感的否认和误导。在女孩心里，班级里的其他小朋友都是同学和朋友，但这个男孩才是自己最好的朋友。老师可以肯定两个孩子的情感，同时告知两个孩子上课要遵守的纪律，比如，可以对两个孩子说：“我知道你们是非常好的朋友，但上课时间不可以讲话，好吗？”

原则六：不可以否认孩子的感情

女儿6岁，上一年级后喜欢班上的一个小男孩，昨天接女儿时发现她特别喜欢和那个小男孩玩，偶尔会和人家抱抱，小脸儿贴着，还拥着一起走路。两个人还会坐在台阶上，小男孩会温柔地用手指摸摸女儿的脸。回家后女儿悄悄地对我说：“妈妈，我很喜欢明明，他也喜欢我，他对我很温柔呢。我想我们两个在谈恋爱，也许长大以后我们会结婚呢！”女儿这话让我手忙脚乱，只好说：“你们现在还小，还不能够确定，也许将来你会喜欢别的人，明明也会喜欢别的人，长大后再说吧！”

父母不可以对孩子的爱情进行否认，不可以对孩子说“你怎么能够喜欢他呢”“你还小，不可以这样，等你长大再恋爱吧”“长大后你就不会喜欢他了”……案例中妈妈的做法否认了女儿真实的情感，让女儿怀疑自己和男孩的情感的真实性，扰乱了女儿对当下情感的体验。

原则七：不要用爱情的话题逗弄孩子

那天，我逗6岁的儿子。

我：“儿子，你知道什么是爱情吗？”

儿：“爱情呀，我知道，就是喜欢呗。”

我：“是吗？那你喜欢玩具，是爱情吗？”

儿：“什么呀！喜欢玩具不是，爱情是一个人喜欢另一个人。”

我：“那你喜欢邻居弟弟是爱情吗？”

儿：“不算，爱情得是一个男的和一个女的。”

他接着说：“妈妈，我和你，咱们俩就是爱情，以后我们要永远住在一起！”

妈妈用爱情的话题来逗弄孩子是不合适的。父母不要主动与孩子讨论爱情的话题，如果孩子主动提出关于爱情的话题，父母可以积极回应。在这段对话中，当儿子在表达恋母情感的时候——“咱们俩就是爱情”，妈妈应该回应：“妈妈和爸爸才是爱情，妈妈与儿子只是爱。”案例中的妈妈没有帮助孩子梳理清楚家庭的情感关系，是不恰当的。

原则八：帮助孩子理清事实

女孩4岁半，问："妈妈，为什么我们班的一个男孩找了两个女朋友？而且，他的一个女朋友也有男朋友了。"我说："这个男孩太笨了，需要两个女孩照顾。"女儿笑了，可我自己都不知道说的是对还是错。

对于女儿说出的情况"一个男孩找了两个女朋友"这件事情，妈妈要及时与孩子沟通，了解孩子对于"女朋友"的界定标准，同时也了解孩子对于这件事情的价值观。父母不要太急于给孩子一个答案，这是了解孩子内心想法的契机。

原则九：成年人不可以拉郎配

女儿4岁，最近常听她说起班上谁是谁的男朋友，她自己也有个男朋友，还说是老师帮他们找的。我昨天问了老师，确实是老师帮他们找的。老师说自己的意图是想告诉小朋友不光要和女孩交朋友，也要和男孩交朋友。女儿以前是和男孩女孩一起玩的，这样一来好像就只能和这个男孩子玩了，女儿还说男朋友和好朋友不一样。本来女儿还没到这个时期，都是老师提前唤醒的，老师这种做法对吗？

选择朋友是孩子自己的事情，不论孩子选择同性朋友还是异性朋友，理应得到成年人的尊重，孩子与他人建立友情和建立爱情的过程不应该被成年人控制或干预，教师拉郎配的做法破坏了这个自然的过程。教师在引导孩子成长中不仅仅需要热情和"好意"，更需要智慧！

也有一些父母对孩子进行拉郎配，父母与父母之间早早认亲家，互称"亲家"，让孩子也互称"老公""老婆"，有意唤醒孩子对婚姻的敏感，这种做法是对孩子情感的不尊重，也是对孩子心理发展的阻挠和破坏。

原则十：不可以玷污孩子的爱情

儿子5岁多，和同班一个女孩很要好，两人形影不离。我与女孩的母亲在一所大学同一个办公室工作，平时两个家庭也有来往，所以孩子之间建立起了很好的友谊。但是，女孩的母亲认为我的儿子“勾引”了她的女儿，她到幼儿园对儿子大发威风，当着很多人的面呵斥我儿子：“不准你再和我女儿一起玩，你这个小流氓！这么小就不学好！”并且还对其他女孩说：“你们都不要和这个小流氓玩！”儿子回家后哭着向我讲述了阿姨对他的辱骂，不愿意再上幼儿园。我不知道该如何安慰受到伤害的儿子，也不知道如何与女孩的妈妈沟通。

成年人将孩子的爱情视为下流的行为，这是对孩子爱情的玷污。女孩妈妈的做法让两个孩子都感觉到爱的情感是羞耻的，孩子纯洁美好的情感被她泼上了一盆污水，给两个孩子的心灵都留下了阴影！当孩子长大后内心对异性产生爱情的时候，他们也会将这种美好的情感与羞耻联系在一起，从而体验不到爱情的美好，也不能够享受到爱情带来的幸福和快乐。

原则十一：给孩子输入正确的婚姻价值观

女孩欣4岁多，有一天欣和妈妈说起幼儿园同学的“婚事”。

欣：“东东长大了要和逍逍结婚的。”

欣妈：“那你和谁结婚？”

欣：“我要和明明结婚。”

欣妈：“你喜欢明明不？”

欣：“我不喜欢他。”

欣妈：“那你为什么要和他结婚？”

欣：“东东说要我和他结婚啊。”

欣妈：“别人说的不算，你要和自己喜欢的人结婚。”

欣：“我喜欢豆豆，我长大了肯定要和豆豆结婚的！”

自己的婚姻要由自己做主，要与自己喜欢的人结婚，这是欣妈给女儿输入的婚姻价值观，这样的价值观将会让女儿有尊严地对待自己未来的婚姻。

原则十二：尊重和保护孩子的隐私权

女儿5岁，今年上学前班后，和以前的男朋友分开了。

有一天，孩子爸爸问：“你现在的男朋友是谁啊？”

她回答：“唉，这个事情，等我长大了再说吧。”

孩子的爱情也是孩子的隐私，父母不要主动打探，要尊重孩子的隐私。如果父母想了解孩子是否有了新的男朋友，从孩子日常生活中完全可以观察到，对于5岁的孩子来说，如果她曾经的爱情得到了父母的尊重和保护，即使有了新的爱情，她也会主动向父母讲述。在孩子主动讲述时，父母积极回应就好。

原则十三：接纳孩子对爱情的“朝三暮四”

女儿5岁半，之前与比她小半岁的多多互称老公老婆。一天，女儿告诉我：“妈妈，我谈恋爱了！”我心里小小一惊，镇静地“嗯”了一声。她接着说：“我真的谈恋爱了，他是浩浩，我们天天在一起，中午我们睡在一起，他很喜欢我，我也很喜欢他。我坐在前排，他做在后排。浩浩说我是大美女！他还亲我呢，恶心死了。”我问：“为什么恶心呢？”女儿说：“他噘着嘴巴亲我，口水都弄到我脸上了。”

过了一段时间，女儿忧郁地告诉我：“妈妈，浩浩不和我结婚了。”等我想问个究竟时，她却避开不谈了。一周之后，女儿告诉我说浩浩和她和好了。奶奶听到女儿的话，着急地说：“小孩子不可以结婚！”女儿镇定地答：“我又不是现在结婚呀，先慢慢谈恋爱，长大了再结婚呗。”

一段时间之后，女儿问：“妈妈，我到底什么时候才可以和浩浩结婚呀？”

我回答：“要到20岁。”女儿：“我真的很喜欢他，他对我很好。反正我长大了要和陈浩结婚。浩浩帮我抬被子到架子上，他不帮别人的哦。浩浩就和我一个人玩哦，我帮浩浩拉拉链，他不会；别人打我，浩浩帮我打他。”

有一天，女儿告诉我，她决定让浩浩和圆圆结婚。

我问：“浩浩不是你的老公吗？”

女儿：“嗯，是圆圆提出来想和浩浩结婚的。”

我：“那你怎么愿意让浩浩与她结婚呢？”

女儿：“我是试试看浩浩是不是愿意和圆圆结婚。”哈哈，她已经知道试试浩浩对自己是否忠诚。

我问：“那他怎么说？”

女儿：“他不肯。妈妈，我将来和浩浩结婚你同意吗？”

我：“嗯，等你长大了再说吧。”

女儿：“等我长大了，和浩浩结婚你同意吗？”

我：“等你长大了，这个事情需要你自己决定，我可以给你建议。”

女儿：“哦！”

她认为这个事情是件大事，没想到我这么开明，显得很开心的样子。

几个月过去了，有一天，女儿告诉我她要换一个男朋友。

女儿：“妈妈，我换了一个老公，他叫小宇。”

我：“哦，咦？！你那么喜欢浩浩，怎么又换了呢？”

女儿：“小宇借我一本书，我就让他当我老公，他就同意了。”

我：“那浩浩知道吗？”

女儿：“知道了。”

我：“女儿啊，一个人可以有两个老公吗？”

女儿：“不可以。”

没过两天，女儿告诉我，小宇把书还给她了，他不同意做她的老公了。

我问：“小宇不答应跟你结婚呀？”

女儿："是呀，我问了好几次，他都不答应。"

我："他比浩浩哪里好呀？"

女儿："他得了很多小红花，他都已经换了礼物哦，我已经24颗了，陈浩才6颗。"

我："除了小红花，还有呢？"

女儿："还有……就是帅，还有心好。"

脚踩两只船的女儿左右逢源，既想与浩浩维系关系，又想对小宇有所突破。最终，因为小宇对女儿没有感觉，始终不答应女儿结婚的请求，不愿意做女儿的男友。终于有一天，女儿放下了对小宇的希望，她说："妈妈，我都请求小宇好几次了，小宇就是不愿意和我结婚，算了，还是和浩结婚吧。"

我问女儿："到底是靠书换来的老公重要，还是真正对你好的浩浩重要呢？"女儿说对自己好的浩浩最重要。我悄悄地、长长地舒了一口气，看来还是小时候经历一次爱情波折比较好。

现在看来，女儿在用借书的方式想让优秀的小宇成为自己的男友时，浩浩是女儿找好的备胎，当女儿已经看到浩浩着实属于自己之后，她也想看看周围还有没有更合适的人和她结婚，这几乎和当下年轻人谈恋爱一样啊！

女孩在这段朝三暮四的爱情中，不断调整着自己的择偶标准，这就是练习的过程。

原则十四：理解孩子用"欺负"的行为表达爱意

女儿5岁，说以后大了要跟班里的一个男孩结婚。问她为什么，她说因为觉得他帅，很帅很帅。但这个男孩在学校经常欺负她和几个小女孩。我问女儿：这个男孩喜欢她吗？女儿说这个男孩并不爱跟她一起玩。实话说，我好担心孩子喜欢对自己不好的人，父母要不要引导孩子正确的婚姻观？比如，告诉孩子要找人品好的优秀男孩。

案例中妈妈认为女儿喜欢的男孩有"欺负"别人的行为。如果这个男孩不论青红皂白，经常用暴力对待他人，这个孩子就有欺负他人的嫌疑，对于这样的孩子，会遭到大多数孩子的反感。如果女孩喜欢这个男孩，说明男孩有招人喜欢之处。对于年幼的孩子来说，可能表达自己喜欢异性的方式就是“欺负”对方，比如，经常扯一下对方的头发，对对方有些小恶作剧，甚至故意打对方等。所以，妈妈需要先弄清楚这个男孩的行为是属于什么性质，才可能做出正确的判断。

孩子在幼年时的婚姻观是建构在对父母婚姻关系的观察和理解上的，而不是建构在父母对孩子的说教上。女孩未来要找一个怎样的男人，这样男人的标准一般是自己的父亲。妈妈说的“人品好”“优秀的男性”，这些词汇对5岁的孩子来说，太空洞了。

原则十五：理解孩子的“吃醋”

我是一名幼儿园教师，园里有两个3岁左右的小男孩和一个小女孩关系很好，平时他们也经常拥抱，经常在一起玩。有一天，女孩与一个男孩紧紧地抱在一起，另一个跟她关系好的男孩想使劲分开他们，用力掰开男孩的手，不让他抱着女孩，但是没有成功。于是他很可怜、很生气地向我告状：“老师，他抱她！”这种情况我该如何引导他们呢？

老师首先要懂得这几个3岁左右孩子的行为，他们是在互相表达喜欢，或者互相进行情感支持。在幼儿园里，孩子因为离开父母，对幼儿园环境正在逐渐熟悉，如果有好朋友在幼儿园里，孩子们会通过身体的拥抱来相互支持。

对于孩子告状的问题，教师可以告诉这个告状的男孩：“这是他们两个人的事情，我不能够干涉，每个人都有选择朋友的权利。”告状男孩明显是“吃醋”，不希望女孩有其他男性朋友，当自己无法控制女孩的时候，他想通过老师的权利来达到自己的目的。这样的“醋意”多经历几次，男孩就会明白每个人都不可以去控制别人的自由，每个人都有自己结交朋友的权利。或许，男孩长大之后，因为这段经历，对爱情关系会更加坦然与豁达。

SHANJIETONGZHEN Chapter 3

第3章 少年的爱情

情窦初开的少年
也有自己的爱情故事

第一节 修复婚姻敏感期

孩子的爱情是不期而至的，如果孩子在幼儿园里没有遇到那个让自己情窦初开的人，在孩子进入小学后，可能会遇见一个让自己心动不已的人。如果孩子在幼儿园时期的婚姻敏感期遭遇了阻滞，那么，进入小学后，孩子或许会开始修复这段情感发展。在下面这个故事中，我们看到了一个7岁男孩进入小学后，在妈妈的帮助下，修复了曾经发生在幼儿园时期的一段情感。

在儿子5岁时，我买了胡萍老师关于孩子性教育的书，还特意跑到深圳听了胡萍老师关于“孩子的爱情”的讲座。当时我就在想，我错过了孩子6岁前的婚姻敏感期，下一次孩子的爱情到来时，我可要好好把握。儿子上小学一年级后，第一学期开学不久，孩子的爱情就不期而至了。

有一天去接儿子，他问我：“妈妈，你看见颖子了吗？”我回答：“看见了。”儿子继续发问：“妈妈，你跟她打招呼了吗？”我回答：“打了，你看见颖子，和她打了招呼没有？”儿子眼睛里闪过的是一丝沮丧：“没有，我没跟她说我在找她。”我说：“那你下次碰见了就跟她说吧。”儿子的小脸上泛起一丝红云：“我不好意思。”说完一脸阳光地冲我傻笑。

颖子是儿子上幼儿园时班上的一个女孩，恬静而淡定。在幼儿园时，有一段时间，热情活泼的儿子喜欢和女孩子打打闹闹，总把其他女孩子打哭。当时我们一直以为是孩子情绪的问题，现在才知道，可能那时正是孩子爱的懵懂期，不知道怎么跟女孩交往，为了引起女孩的注意，就老打女孩。幼儿园老师和小朋友多次投诉，孩子与异性情感交流没有得到很好的发展。

上学两周后，有一天儿子突然问我："妈妈，如果你和奶奶都没有时间来接我怎么办？"我不以为然地回答："你放心，妈妈不会让这样的事情发生的。"儿子不依不饶："我是说如果。"我说："既然你这么说，是不是如果遇到这样的事你有好办法？"儿子诡秘地笑了，说："我不好意思说，录下来给你听吧。"我把手机递给他，他接过手机关上房门，一会儿他把手机还给我。打开录音后我听到手机里传出："不如上托管班。"嘿嘿，小子想上托管班，这是哪门子的事儿？我对儿子说："上托管班啊，那我们去找找哪儿有托管班吧。"儿子立马答复道："我看就上颖子那个叫小院的托管班吧。"原来他都打听好人家上哪个托管班了。我回应道："好吧，下午放学我带你去看看。"儿子欢呼雀跃地说："好的！"

下午我们一起去看托管班，孩子们开始陆续放学来到托管班。房间里没有看到颖子，儿子好像有些失望。我带着儿子跟负责托管的老师攀谈起来，向老师了解托管班的情况。我向老师提出的问题，儿子都主动帮老师回答。托管老师笑了，对他说："不错啊，你都注意我们了。"小子得意地回答："我天天都在观察。"

我发现儿子一直心不在焉地这里看看那里看看，我就干脆问老师："听说这里有个叫颖子的女孩，她放学没有？"儿子听我这么一问来精神了，两眼直勾勾地注视着老师。老师说："她和我女儿在里屋玩呢！"老师就带着我们去里屋找。房门虚掩着，我们推开房门，看见一群女孩子在里面玩。颖子看见我们忙打招呼："小羽，是你啊！"儿子听到颖子这么一叫，满脸通红，不好意思地躲进了旁边的卫生间。颖子不解地问："阿姨，小羽为什么往卫生间里躲啊？"我赶紧解围，笑嘻嘻地说："哈哈，看到你们这么多女孩子他可能不好意思了。"过了一会儿，儿子微笑着从厕所里走出来了，立马跟我说："妈妈，就决定上这个托管班了哈。"我立即交了钱，儿子开心地与大家再见。走出托管班，儿子一蹦一跳，嘴里还哼着歌，双肩书包在背后随着孩子的节奏一上一下，小小的背影渗透出的全是幸福。

对于孩子上托管班我还是有些担心，于是与孩子进行了沟通。我对儿子说："儿子，看来你很喜欢这个托管班，是吧？妈妈对你上托管班有些担心，所以要与你讨论两个问题。第一个问题是，你不喜欢睡午觉，要是被老师批评，会不会影响你的情绪呢？"儿子认真地说："妈妈，我睡不着可以躺在床上想事情嘛，想着想着不就睡着了？"我接着说："第二个问题是，你与同学之间闹矛盾怎么办？要是被告到班主任那里，你会被批评的。"儿子信心十足地说："妈妈，我不会跟他们闹，那不就不会告老师了？"看来他这是铁了心要上这个托管班了。其实我挺喜欢让孩子在这样的群体中生活的，能够带给孩子更多学会如何跟同伴玩耍的机会。

一天晚上，儿子做完作业想邀请颖子出来玩，我们与颖子住同一个小区。儿子拿出幼儿园毕业生联系手册，翻到了颖子妈妈的电话，想打电话给颖子。犹豫多时后，决定先到草坪看看能否遇见散步的颖子。这个晚上，我决定帮助儿子。

儿子边走边嘟囔着："妈妈，颖子会在草坪玩吗？"

我："我不确定。"

儿子："她平时会到哪些地方散步呢？"

我："不知道啊。"

儿子："妈妈，你帮我打个电话问问她妈妈，看她们出来散步没有。"

我提议："这事你可能要自己来，不然她妈妈会想我没事打她电话干吗。"我想利用这个机会让孩子学习如何与他人交往，这比用语言教一百次都有用。

儿子一脸的委屈："可是我不敢啊。"

我说："不敢，那我们要不再等等，看能不能等到她出来。"

儿子听后下了决心："管他的，把手机给我。"拨通了电话，可是只响了不到两秒，儿子就紧张地把电话挂了，下定决心的样子："妈妈，我们来演练一遍。"儿子做出打电话的样子："我是小羽，我想找颖子玩。"我也配合地当起了对方妈妈的角色："你好，小羽，今天时间晚了，明天吧。"儿子听了这话很失望，说："妈妈，那我怎么说呢？"我："你想怎么说就怎么说呗。"儿子想了想，说："再来，我还是很害怕。"儿子很想收获这份友谊，但是又迈不出这一步。

我环顾四周，看到前面有一块宣传栏，于是牵着儿子的手来到宣传栏前，对儿子说：“来，你站在这里把宣传栏里的字大声读出来。”儿子立正站直，离宣传栏三四米的样子，停顿片刻后就听见他响亮的声音：“恭祝全国销量领先的红罐凉茶改名加多宝。”我鼓励他：“再来一遍。”儿子更大声，语速更平和：“恭祝全国销量领先的红罐凉茶改名加多宝。”我对儿子说：“很好，现在你把想跟颖子说的话大声说出来。”儿子定了定神，说：“阿姨，你好。我是小羽，我想找颖子玩，可以吗？哦，今天不行那就约明天晚上，好吗？”我回应：“很好。”

信心十足的儿子迅速拨通了颖子妈妈的电话：“阿姨，你好。我是小羽，我想找颖子玩，可以吗？”一口气把这些话全倒了出来，我都能感到孩子一种情绪的释放和满足。电话那头的颖子妈妈爽快地答应了，还让颖子跟儿子通了电话。

儿子满脸严肃地对着电话说：“哦，怎么了，作业我已经做完了。”挂了电话，他一脸轻松，泛起淡淡的微笑，对我说：“她说等一下就下来。”没过多久，颖子和妈妈来到广场，两个孩子玩得很开心。我和颖子妈在一旁聊着上学的事，俩孩子在距离我们不远的地方也聊得挺欢的，我们一直没有打扰他们。

快9点时，颖子妈妈提议回家，两个孩子互道再见各自回家。儿子一回家就洗澡睡觉，我的睡前故事还没讲完他就已经进入甜蜜的梦乡，希望他在梦里一直记住这次美丽的回忆。

一直很遗憾儿子没有在幼儿园度过婚姻敏感期，上小学后修补这份美丽其实很难，担心周围的成年人不理解孩子这份纯真的爱，担心女孩家长“吃亏”的心态伤害到孩子。如果没有看胡萍老师的书，没有听胡萍老师的课，我对待孩子的爱情可能不会处理得如此艺术。感谢这些走在我们前面的老师们，让我们无惧于孩子看似不同寻常的举动。我愿为孩子做个明智的引路人，给孩子自由与爱的成长环境。

第二节
帮助孩子应对爱情的早练

年少孩子在爱情的早期练习中，会出现各种求爱的行为，这些行为虽然看上去很幼稚，却是孩子未来表达爱情走向成熟的必经之路。

1.应对孩子爱情的三大原则

英国电影《两小无猜》讲述了两个10岁孩子的爱情故事。有一天，丹尼尔和梅露蒂想要像成年人一样谈恋爱，他们拿上自己的零花钱，逃学了一整天，来到海滩享受独处的快乐和幸福。他们在海里游泳，在海岸公园里玩摩天轮、坐过山车、吃棉花糖，在沙滩上建造城堡；他们还想像成年人一样结婚，永远生活在一起。在他们逃学事件发生后，我们看到了学校校长和梅露蒂父母在处理这个问题时，充分体现了成年人应对孩子爱情的三大原则。

原则一：尊重孩子的爱情

校长与他们进行了谈话。在校长与梅露蒂和丹尼尔的对话中，仅就孩子不遵守学校规则的行为进行了批评，没有对两个孩子的爱情进行否定、羞辱、讥讽和贬低，充分体现了校长对孩子爱情的尊重。

梅露蒂生活在一个社会底层的家庭，她的父亲文化不高，经常酗酒，常常因为醉酒闹事被关进监狱里，母亲是一个普通家庭妇女。当梅露蒂与丹尼尔逃学的事情发生后，父亲与梅露蒂谈起了丹尼尔。他真诚地对梅露蒂说："你真的喜欢他，你找到了很好的小伙子，他是很好的小伙子……"父亲肯定丹尼尔是个好小伙子，是对自己女儿品质的肯定，这是对女儿人格的尊重，也是对女儿爱情的尊重。

在我们的现实中，很多父母为了否定孩子的爱情，往往否定孩子喜欢的异性："他（她）这么小就和你谈恋爱，不是什么好东西！""他（她）不把心思放在学习上，这会拖累你的！""他（她）有什么值得你喜欢的，将来有比他更强的！”……这样的语言是对孩子的人格和爱情的羞辱和诋毁，会使孩子对异性的情感产生不安全感和羞耻感，扰乱了孩子对异性情感的正面体验，会影响孩子将来的爱情观。

原则二：接纳孩子的感受

当梅露蒂哭泣着问爸爸：“我喜欢地理，丹尼尔在就好了。我只想幸福，为什么就不可以？为什么不帮助我？！”她无法明白为什么现在不可以与丹尼尔结婚，为什么要完成学业后才能够结婚，为什么自己的爱情会遭遇同学的嘲笑……这一切让她陷入了深深的痛苦之中。此时，我们看到了爸爸、妈妈和奶奶与梅露蒂的共情，他们无法帮助10岁的梅露蒂理解这个过程，但他们接纳了孩子无助与痛苦的情感，没有更多的语言，只有爱的情感在这个空间里流动着，让梅露蒂感受到了父母的接纳与理解。

孩子在经历爱情的时候，可能会遭遇失恋，也可能会单相思，无论孩子在恋情中经历幸福、快乐，还是孤独、痛苦、无助……这些都是孩子的感受，父母要无条件地接纳。父母不可以否认孩子的感受，面对沉浸在失恋痛苦中的孩子说：“没有关系啊，用不着这么痛苦，将来有更好的……”“现在你们年龄还小，不懂得爱情，你们不会有好结果的。”“不要太早恋爱，迟早你们会分手。”“你长大后，要经历很多事情，现在不能确定就爱她一辈子的！”……这都是不明智的说法，因为孩子在乎这段情感。我们可以陪伴孩子经历这些感受的过程，并在孩子需要我们的时候进行安抚——陪孩子聊天，倾听孩子的感受，接纳孩子的情绪。

原则三：告诉孩子现实社会的规则

当梅露蒂向父亲哭诉着，问为什么她不可以和丹尼尔结婚时，妈妈告诉了梅露蒂成年人社会的规则。

妈妈：“知道吗？你这年纪不可以结婚，等到年纪再大一点就可以了。”

梅露蒂："到几岁？"

爸爸："过20岁吧。"

梅露蒂："要两倍的年纪！"

爸爸："是的，学业还没有结束，等拿到了全部同学的通信录再说吧。有些事情没法和你说清楚，人生有许许多多的事情要做。"

在电影里我们看到，梅露蒂的父亲在与女儿处理这件事情时，小心翼翼地寻找着能够让梅露蒂理解的语言，同时尽量避免有伤害女儿的语言出现。

在陪伴孩子经历爱情的过程中，父母的责任就是引领孩子懂得并遵守现实世界的规则，尊重孩子的爱情不等于放任孩子在爱情中的所有行为。虽然10岁的梅露蒂认为"结婚就是两个人成为最好的朋友"，但是她还不懂得成年人社会对结婚的理解比自己的理解要复杂很多。尽管这样，妈妈在尊重女儿情感的同时，坚持告知了女儿社会规则，这是帮助梅露蒂理解社会规则的过程。

2.求爱者并未必有真爱情

很多孩子在求爱行为的早期练习中，虽然对异性没有产生爱情，但是也会主动亲吻拥抱对方，这是孩子进行的练习。被拥抱和亲吻的一方并不"吃亏"，在被亲吻拥抱的过程中，孩子也在进行着如何应对"被爱"的早期练习。这个过程中双方互为练习对象，都有各自获得的成长。父母在孩子的早练中，承担着教练的角色。

我们来看这样一个案例：

女儿6岁多，今年刚上一年级，同事的儿子小强和女儿是同班同学。因为两家人是邻居，两个孩子经常在一起玩耍。前几天听女儿说，小强亲了她的手，在下课的休息时间，小强总是扶着她的肩膀进出教室；一次，小强还轻轻告诉她他还亲了班上另外一个小女生的脸，还叮嘱她不要告诉别人。昨天，女儿过生日邀请了小强一起去吃麦当劳，在逛超市的时候，我发现小强总是下意识地去牵我女儿的手，有时女儿挣脱开来，他又跑上前去挽着女儿的手臂，总是揽着女儿的肩膀，还看到小强趁我女儿不注意的时候，亲了她的脸。对于这件事，我一直不知该怎么去处理，犹豫该不该把这些细节告诉小强的妈妈。

对于6岁的小强来说，进入了婚姻敏感期的发展阶段，对女孩产生了爱慕之情，除了喜欢邻居女孩，还亲吻了班里的其他女孩，这些表现说明小强正在练习如何用行为向女孩表达自己的情感。但他尚未对某一个女孩产生爱情，成年人不要太多地干预他的行为。

对于案例中的女孩来说，在与小强的相处中，女孩可能并没有对小强产生爱慕，小强只是女孩的一个亲近的朋友，对于好朋友的亲密行为，女孩并没有更多的想法。如果女孩对小强的亲吻、挽手等行为没有表示出反感，那么，父母不用太过干涉。如果女孩表达了自己的反感，但又不知道如何处理，妈妈可以告诉孩子："如果你不喜欢他亲你，你可以清楚地告诉他'我不喜欢你亲我'。"让女孩练习勇敢地表达自己的意愿，拒绝自己不喜欢的行为，维护自己的权利。

3.孩子经历的各种爱情早练

与6岁前孩子相比，6岁以后的孩子的爱情表达练习更丰富，也更接近成年人的方式，随着孩子心智的发展，情感的经历也更加丰富。

◆经历多角恋

儿子10岁，班里的女生A喜欢他，但他喜欢女生B。因为A经常跟儿子表白自己的心意，儿子就说："好好好，我以后也喜欢你。"儿子告诉我说，他怕伤A的心，才答应的，其实他喜欢B。A给儿子写了封信，信被班里同学捡到，大家都知道了这事儿。儿子就立刻写了一封信给了他喜欢的B，说明自己是喜欢B的。A只要看到儿子跟别的女生说话，她就过去对儿子说："你不是喜欢我吗？怎么不找我啊！"有一天，儿子当着班主任的面，向另外一个女生C求婚，气得老师把他拉到一边训斥了一顿，我也不知道该怎么引导儿子了。

男孩正在经历处理多角恋的过程。当儿子告诉妈妈自己其实不喜欢A，而喜欢B的时候，妈妈应该告诉儿子："如果你不喜欢A，就应该真诚地告诉她，而不是欺骗她，你的真诚可能会让A伤心，但起码不是欺骗，欺骗才是最大的伤害。如果你本身不喜欢A，却不将真实的想法告诉A，这是对A不负责任的行为，也是对你自己的情感不负责任的行为。在一段情感中，最重要的是要忠于自己的内心，不可以欺骗自己，也不可以欺骗他人。"这个引领过程是帮助孩子建构爱情价值观的重要过程，在爱情中，忠于自己内心的情感，对自己的情感负责任，这是爱情价值观的核心。

对于男孩为什么没有向自己喜欢的B求婚，而是向C求婚，妈妈可以做更多的了解，并告诉孩子："如果要求婚，也应该向自己喜欢的女孩求婚，心里想的要与做的一致，才是一个对自己负责任的人。"

当教师看到了男孩向女孩求婚的场景时，应尊重孩子的情感表达，同时对孩子进行爱情观的积极引导。

◆互传小纸条

案例一：

儿子7岁，上一年级，最近上课时和一个女生互相传纸条，一开始是女孩先给他传，现在儿子也主动跟她传纸条了。儿子还跟我说，他很爱她，很喜欢她，跟爱妈妈一样。我真的不知道该如何来应对了。

如果孩子主动与妈妈谈及与女孩互相传递字条，妈妈可以问一下孩子具体在字条上写的内容，了解孩子的文字动向就可以。只要孩子写的字条不涉及色情的内容，可以不做太多干预。

如果孩子上课互传字条的行为太多，可能会影响孩子的学业，妈妈可以与孩子一起讨论，每天只写1~2次字条给女生，而且不要在上课时间传递，下课后交给女生。这样做既尊重了孩子的发展，也能引导孩子遵守课堂规则。

案例二：

女儿6岁半，今年上一年级。昨天她告诉我，她收到了一个男同学送的东西，还让我猜是什么。我猜了半天没猜中，她就告诉我是一张纸，纸上写了字。又让我猜写了什么，并且说是一张很小很小的纸，写的是英文字，三个单词的。后来，她有点羞涩又有点开心地从书包里拿出了拇指大的一块小纸条，上面写着：I LOVE YOU！并且画了一个调皮的笑脸。女儿经常提起这个男孩，我不知道该如何与女儿谈论这个话题。

女儿对母亲很信任，母亲在处理这件事情的时候，一定要保护好孩子对自己的信任感。6岁多的孩子写字条表达爱，母亲知道后不需要做更多的处理，关注女孩与男孩的情感发展就可以了。

曾经，我在给小学一年级的孩子上性健康教育课时，亲历了这样一幕：下课时，一个男孩拉着我不放，问我："胡老师，爱字怎么写？"接着就告诉我他喜欢班里的一个女孩，准备给他写一封信。我问："可以把你写的信给我看一下吗？"他立即拿出来，只见一页作业纸上歪歪扭扭地写着一行字："小红，我（　）你，我要保护你。"

"老师，我想写'我爱你'，但不会写'爱'字，你帮我写嘛！"我说："你可以用拼音，她会看明白的。"他立即用拼音把空格填上了。男孩立即拿着信，跑向一个穿着红色连衣裙的女孩，并大声表白道："小红，小红，我爱你，我要保护你！"男孩把信递交给女孩。女孩没有一丝反应，她根本不明白这个男孩的举动意味着什么，木然地看着男孩。但男孩却不顾一切地对女孩表达着自己的情感："小红，我爱你！我要保护你！"

或许女孩练习经营两性情感的程序尚未启动，或许女孩不喜欢这个男孩，或许女孩早已有了自己心仪的男孩，但这丝毫不会减少男孩表达爱的激情，男孩需要的仅仅就是表达自己。年少时的爱情很简单，可以简单到不理会自己发射出去的爱情信号有没有回应，这是大自然给予孩子练习求爱的生命程序，这样的程序可以保护孩子不因为对方的木然和拒绝而丧失求爱的信心。遇上一个让自己不顾一切地表达爱的异性，是孩子可遇不可求的情感发展机会。

◆求婚

我是一名小学教师，在一个四年级班级里，一个10岁的男生在课间休息时间，单膝跪下向同班一位女同学求婚，女同学当时被吓哭了。后来我在给这个班学生上《品德与社会》的课时，向学生简单说了下人们的情感："爸爸妈妈相爱才有了我们，我们还小，谈不上结婚，长大了，遇到我们喜欢的人，我们就会结婚。"不知道这样说是否可以。

教师这一番话让孩子感觉到自己的情感被否定。对于男孩突然单膝跪地求婚，吓哭女孩的事情，我们可以这样来帮助男孩和女孩：

首先，告诉男孩，如果我们要向一个女孩求婚，先要让她明白你对她的爱情，让她知道你是喜欢她的，她也是喜欢你的，当然这需要一段时间，确认你们的感情后，你再求婚，她就会很甜蜜和幸福，也不会被吓哭了。这样引导的目的是让孩子明白求婚要在两个人都互相喜欢的前提之下，而不是对一个女孩的突然袭击。

然后，告诉女孩："你明白他向你求婚是因为喜欢你，对吧？虽然他的做法有些唐突，但他这样做没有恶意，只是自己想有点浪漫的表达方式。如果你喜欢他，你可以告诉他你的真实情感，如果你不喜欢他，你也告诉他你的真实想法，这样，男孩就可以清楚地知道你心里是不是也喜欢他了。"

无论对女孩和男孩的引导，都要建立在尊重他们情感的基础上，教会他们如何处理发生的事情，而不是否认他们现在正在经历的情感。

◆失恋

儿子7岁，读小学二年级。前天下午接儿子放学时，儿子闷闷不乐。回家后，我们再三追问，没想到儿子嚎啕大哭："哇哇哇，我失恋了！呜呜呜……"原来，儿子暗恋班上一名漂亮女生已久，最近写了一封信告白，女生收下了。没想到几天后，他从同学口中得知，告白信已经被该女生撕了。儿子去找该女生求证，女生一口承认，并告诉他："小翔送了我一部iPhone 4S。"儿子告诉我，送苹果手机的小翔也喜欢这个女生，而且家里条件很好。从那以后，这个女生总是和小翔结伴放学，儿子感觉到自己被甩了。我做梦都没想到儿子会早恋，而且遭遇失恋打击。我们一家人已经束手无策，不知道该如何引导儿子。

趋利避害是人类的本性，爱情中也会呈现出这样的本性。从人类进化的角度来看人类择偶本性：为了让自己的后代身体健康，人们在择偶的时候会选择身体健康的配偶；为了让后代能够得到更好的生存机会和未来的择偶机会，人们选择长相漂亮的女性和高大健壮的男性作为配偶。远古时代，人类的生存依靠男性打猎获得食物，所以健壮高大和能够为家庭提供更多物质生活保障的男性更受到女性的青睐。在人类进化的上亿年中，这种择偶本能被植入了人类的基因，在人类个体的择偶中起着作用，这就是人性。

人类择偶时"择优录取"的基因从幼年时代的爱情早练中就已经显现其作用。然而，人类的婚姻中还有一个重要因素就是情感。如果个体的物质条件已经丰沛，不需要通过婚姻获得生存保障，在择偶中他们就会将情感作为首要条件；如果个体对婚姻的定位是获得更好的生存条件，择偶时就会将物质放在首位。无论个体如何选择婚姻中的条件，都无可厚非，因为人性的本质就是趋利避害。

在人类情感和心智尚未发育成熟的儿童时期，儿童在爱情关系中更体现了人类最根本的"择偶本性"——获得物质保障感。在这个案例中，当两个男孩都对一个女孩好的时候，女孩自然会选择物质呈现出来的"爱"，这是人类的本能使然。女孩现在才7岁，不成熟的价值观、不成熟的判断分析能力，导致了她对两个男孩的判断标准——谁满足我对苹果手机的需要，我就和谁好，在这个年龄阶段，这也是很正常的。

作为失恋男孩的父母，当孩子表现出了失恋的痛苦时，父亲或母亲可以让孩子依偎在自己的怀里，让孩子尽情地哭，因为发泄这种痛苦的情绪是必要的。如果孩子愿意与父母交流，父母可以传递这样的信息：**每个人都有选择的权利，你可以选择喜欢的女孩，女孩也可以选择喜欢别人而不是你，你要尊重女孩的选择；你经历这段艰难的情感会感到痛苦，爸爸妈妈会陪伴你走过这段时期。**

对于案例中的另一个男孩，我不理解父母为什么会同意孩子购买一部苹果手机送给女孩，这是男孩父母需要反思的。7岁孩子如果想送女孩礼物，可以自己动手做，也可以购买不太贵的物品，比如一本女孩喜欢的书，或者女孩喜欢的饰品等。父母要给男孩传递的是：**如果你喜欢女孩，可以亲手做一个礼物送给她，或者买她喜欢的书送给她，让男孩明白礼物中蕴含的情感才是最能够打动女孩的。**

对于案例中的女孩，如果父母知道男孩送了她一部苹果手机，应该要求女孩退回给男孩，不能够接受这样的礼物，这是对女孩应该有的教养。父母可以理解女儿希望男孩送礼物的心理，但同时要告诉女儿：如果这个礼物是一本书，或者是一个小礼品，爸爸妈妈同意你接受这份礼物，但如果这份礼物是手机，这是不可以接受的。虽然女孩对男孩的选择带有进化的“趋利”痕迹，只是一种本能，但成年人的教养应该让女孩懂得这个年龄阶段可以接受的礼物是什么，而不是放任女儿在择偶中的“物化”。

◆单相思

女儿8岁，上二年级，喜欢上了班长，她告诉我，她一见到班长就会脸红、紧张、不敢说话。有一天我去学校，一个同学跟我说：“阿姨，我们都知道小美喜欢班长哦，她不敢对班长表白。”我不知道该怎样跟女儿谈论这些事。

在孩子经历爱情的时候，父母需要多关注孩子的情绪，当看到孩子的情绪平稳时，说明孩子还不需要我们的帮助；当发现孩子情绪不好的时候，可以在安抚的同时，与孩子聊一些话题。如果孩子主动将爱情的话题说出来，父母可以与孩子交流如何应对。在这个案例中，如果孩子没有表现出情绪不好的状态，父母可以继续观察。

◆求爱失败

儿子8岁，上小学三年级，他喜欢上了班里的小玉，给小玉写过几封信，在信里向小玉表达了“我喜欢你”，并多次邀请小玉来家里吃饭，还邀请小玉来家里住一晚。小玉只给儿子回过一封信，告诉儿子：“我喜欢你和喜欢其他男生是一样的。”儿子在被拒绝后仍然坚持邀请小玉，并继续向小玉表白。我问过他：“如果小玉喜欢别人不喜欢你，你会怎么样？”他说：“我会想办法让她喜欢我的。”我说：“如果她一直不喜欢你呢？”他说：“那我就一直想各种办法让她喜欢我，她总有一天一定会喜欢我的。”他说完之后，我一方面欣赏他要达到自己的目的的那股劲儿，但也有一丝担心。

男孩对于小玉的拒绝并不气馁，坚持要做到让小玉喜欢自己，对于8岁的孩子来说，这是一次为未来求爱进行的练习。在这次练习中，结局可能有两个，一个是小玉最终喜欢上了男孩，一个是男孩一直没有得到小玉的喜欢。无论结局如何，男孩在其中都将学会了尊重别人的选择，学会尽力而为，学会放手，或许，还将学会坚持就会胜利。当儿子需要父母帮助的时候，父母一定要伸出援助之手；儿子不需要父母帮助的时候，父母要陪伴和关注儿子的情绪。

◆求爱招数

儿子8岁多，周末和同学讨论如何讨得女孩喜欢的话题。我在一旁听到了，总结了他俩想出的7种追求女孩方式：帮人干活、哄人高兴、分享东西、要啥买啥、送花、搭讪、锲而不舍又要有策略地反复追求。

孩子们会互相交流求爱的方式，探讨求爱的方法，这是很正常的。这两个孩子如果已经有了自己的追求对象，他们就会照着这些方式一项一项地试用，一招不行再来一招，最后达到目的。如果两个孩子还没有追求的对象，他们的这次讨论就为未来某一个时刻做好了理论准备。

◆对爱情的忐忑

儿子6岁多，刚上一年级，有一天放学回家后，他猛地一下抱住我，有点害羞地对着我的耳朵，低声告诉我："妈妈，我喜欢我们班的小欣，她长得好看，学习也好，对我也挺好的。还有，她也喜欢我。"然后，儿子又很担心地问："我喜欢女孩，心理正不正常啊？"我不知道该怎么办才好。

无论任何年龄的孩子，对突如其来的爱情都会感觉到忐忑，这是一个心理过程。当自己的情感突然为一个人燃烧的时候，这种感觉会让孩子有情绪上的不安，甚至怀疑自己。当儿子问到自己心理是否正常时，妈妈应该肯定地对儿子说："每个人都可能喜欢上一个人，这种感觉很特别，也很正常。"

◆约会

儿子11岁，上五年级，这学期转学到新学校。昨天他约了原来班上的一个女同学见面，感觉他很不好意思。刚开始说绝对不告诉我约了谁，我也没有过多地问他。他突然说了一句："妈妈，我约了和你一样重要等级的人！"天啊，这么快我的地位就不保了，这话让我既搞笑又惊讶。想挑一个很小的礼物给儿子，让他送给这个女孩，这合适吗？

当孩子在自己张罗约会的时候，父母关注就好；孩子如果主动提出要送女同学一个小小的礼物，父母可以陪孩子一起去挑选，让孩子做主买礼物，父母可以规定一个价格范围。如果孩子没有自己提出要送礼物，父母不要主动替代孩子购买礼物。既然是孩子的练习，一切让孩子来做主吧。还有一点是父母需要把握的：无论两个孩子在什么地方见面，都应该有成年人陪同。

◆送礼物

女儿9岁，上三年级，班上有一个男生很喜欢她，男孩还在课堂上指着女儿对老师说："这是我喜欢的女孩。"女儿也很喜欢他，在得知男孩喜欢自己后，女儿也主动向男孩表白了。前几天，男孩和父母去香港玩，回来后给女儿送了一瓶香水。去年，男孩就送了一条项链和一个戒指给女儿，价钱不贵的那种装饰性项链和戒指，我当时叮嘱她以后不要随便接受男同学送的礼物。这次女儿告诉我男孩送她的这瓶香水，是他用1/4的零花钱买的。这次我没有叫女儿拒绝，可是又觉得不妥。我们是该接受这瓶香水，还是退还给男孩，或者我另买一份礼物送给他？

当两个孩子互相喜欢，男孩送给女孩小礼物，女孩欣然接受，妈妈不可以把这样的行为定义为"随便接受男同学送的礼物"。因为女孩只是接受了自己喜欢的男孩送的礼物，这不是随便的行为。男孩给女孩送的香水，我认为不需要退还。妈妈需要告诉女儿的是："我们接受了男孩的礼物，是不是应该回赠他一份礼物呢？"同时，妈妈可以引导女儿为男孩准备更适合他们年龄的礼物，比如一本书、一张适合孩子的电影碟片等，提升孩子的精神品质；不要将礼物成年人化，比如送香水、戒指、项链。另外，男孩的父母也应该引导孩子提升礼物的精神含量，购买适合的礼物送给女孩。

◆写情书

儿子10岁，前天回家百度“情书”，说班里一个女生要他写情书，他不知道“情书”是什么，于是回家后开始上百度查找。我向他解释了情书是表达感情、表达思念、表达想对对方说的话，情书是美好的感情的记录。我问他：“你会因为情书写得好而喜欢一个人，还是因为人好你才会喜欢他？”儿子回答说：“肯定是人好才行！”我还告诉他，以前有人把自己写给一个人的情书整理成一本书出版了。孩子一听，很开心，要我给他买这本书。孩子写情书是否妥当呢？

我们要探讨的不是孩子应不应该写情书的问题，而是孩子是否有这份情感的问题。当孩子内心充满了对一个人的爱情，用文字将这份情感表达出来，然后让对方明白自己的爱意，这样的情书才是有真情实感的书信。

在这个案例中，妈妈首先要给孩子明确的是：**写情书应该是自己发自内心地表达情感，而不是女孩让他写他就写。**所以，妈妈应该先问儿子是不是喜欢这个女孩，是不是喜欢到内心有很多情感要向她表达，如果是，就把这些话语写出来，这就是情书了。很显然，男孩还处于懵懂之中。如果男孩没有这份强烈的情感，妈妈可以告诉孩子：“如果你的情感还没有准备好，不要急着写情书，你可以拒绝女孩的要求。”

◆见异思迁

儿子10岁，告诉我班里有两个女生给他写了情书。“可是，我只喜欢其中一个女孩，我们俩互相暗恋。”还说夜里睡不着时，会想那个女孩，做梦梦见跟那女孩儿结婚了。情人节快到了，儿子想给女孩买一枝玫瑰花……儿子沉浸在热恋之中。一个月后，儿子喜欢上了另外一个女孩，女孩每天放学都等他。“她每天写完作业都不走，而是坐在桌旁等我写完，然后我们一起走。”儿子这样见异思迁，怎么教育他呢？

这个年龄阶段的孩子，爱情中的见异思迁是常态。见异思迁让孩子能够有更多的机会观察和了解各种不同特质的异性，这是他们在不断选择适合自己异性的过程，只要孩子对每一段爱情都是认真的，就要允许他们见异思迁。父母不可以剥夺孩子的发展机会，更不能够要求10岁的孩子在爱情中“从一而终”。

◆爱情中的经济行为

儿子10岁多了，他告诉我，同学海喜欢安琪到了痴心的地步，全班同学都知道海喜欢安琪。海说：“世界上我最喜欢的人就是安琪。”儿子问海：“如果安琪死了，你怎么办？”海答：“那我也去死。”班上一半以上的人都认为海是个傻瓜。一个同学搞到了安琪的手机号码，问海要不要，付5元钱就卖给他。海连忙说：“我要，你不要给别人。”

孩子间的经济关系，只要不涉及偷盗和大金额的问题，父母可以不予干预。

4.陪伴孩子度过爱情早练

当父母懂得孩子的爱情给孩子带来的成长，就会走出误区，欣然接纳孩子的爱情。我们来看这两位母亲是如何应对孩子爱情的。

故事一：爱情的力量

儿子刚满7岁，在这个七彩的夏天，“爱情”悄悄地敲开了他小小的心门。小琴与儿子同班，是个漂亮的小女孩。不知从什么时候开始，儿子嘴里经常出现小琴的名字，经常邀请小琴来家里玩儿，有了新玩具首先要在小琴面前展示，小琴不会做的数学题，儿子会耐心地教她。儿子还将自己心爱的恐龙玩具爽快地送给小琴，一口气送了七八只恐龙。这让我吃惊不小，这些恐龙可都曾是儿子的至爱啊！

儿子过生日时得了一艘快艇玩具，终于到了周末，约了小琴去公园开快艇。5点放学去接儿子，原以为儿子会迫不及待地去开快艇，可他执着地等到了6点，接上了下兴趣班的小琴。两人兴高采烈手拉手回到家，小琴却说要先做作业，儿子又耐心地陪着做作业，等做完作业天都黑了，开不成快艇了，儿子虽失望至极，却没有大发雷霆。这又一次震到我了！

最近一段时间，儿子总是早早起床，自己定好闹钟、自己穿衣服，早早准备好就在一旁催促妈妈快点。一开始我以为是他想早点到校和小朋友早锻炼，现在想来这八成也是“爱情的力量”！谁说“早恋”是洪水猛兽啊！

一天，儿子问爸爸：“幼儿园里的小朋友以后是不是也可以结婚？”爸爸回答：“当然，概率比较小。”不知道儿子会不会有情感的烦恼，有失恋的痛苦，但不管怎么说，他在经历着一份美好的情感，他在这份情感中学习付出、迁就、忍耐，学习怎样去爱一个人……虽然儿子的人生才刚刚开始，他终将遇到真正的爱人，将来他也许甚至不会记得与小琴的这一段情感，但这又有什么关系呢？在那个美丽的夏天，他灿烂地开放过……

故事二：椿芽炒蛋的时光

开春时，在农市喜得两把椿芽、几枚鸭蛋，顿时勾起满腹馋虫来。

一番操办，不过几分钟，阵阵奇妙的清香便流淌出来……一改往日频频“求入席”的节奏，3个孩子抽着鼻子聚拢来，七嘴八舌地问：“妈，这是什么东西呀，味道好奇怪，好香呀！”

“这个，是香椿，是一种树在春天发出来的嫩芽，妈妈现在用它来炒新鲜的鸭蛋！”

“哇！树叶炒菜，酷！”

孩子们欢天喜地地争着布置餐桌，还为这道“酷菜”单独铺了一块漂亮的餐垫。孩子们一边抢着品尝“春天的味道”，一边叽叽喳喳。

大儿子：“妈，以前没见过这种菜呀！好吃！”

我：“老妈也都是小时候才吃过呢，小学春游的时候，我们去郊野爬树摘下椿芽嫩叶，拿回家，配上鸭蛋，炒这道菜。老家话叫作‘采青’呢！”

8岁多的女儿：“爬树！炫哦！婆婆不骂？”

我：“呃，这个，不会呀……”

儿子：“要是我们现在这样干，被抓住就惨咯！”

我：“呃，这个，应该会吧……”（敷衍一下哈。）

女儿：“妈你会爬树呀！”（发现新大陆啦！）

我：“呃，其实是有个男同学爬，把战利品分给我呀！”

女儿：“哦……呵呵，那、那个男同学肯定是喜欢你咯！”

我：“有一点吧……”

女儿：“你也喜欢他吗？”（好直接啊！汗……）

我：“也有点喜欢的。”

女儿：“妈妈，那你是什么感觉呀？”（这个弯拐得真急呀！）

我：“嗯……是一种又害羞又高兴的感觉。”（脑海里出现小学同学大郑“暗送香椿”时，脸通红通红的样子，还是很享受呀。）

女儿："真的呀，那你们是相爱吗？"（小朋友的问题又加码。）

我："我们是有了一种非常美好的感情，让我们感觉很幸福的感情。妈妈当时还专门写过一些日记，记下自己的感想，现在回忆起来特别温暖，是一段非常值得怀念的少年时光呀！"

女儿轻声地说："嗯……妈妈，其实我也有过这种感情的，就是看见他时，心里像有一只小兔子在跳！"

"那真幸福呀……"我由衷地感叹道。

女儿："不过，我不会告诉别人。"女儿的神情特别真挚，"但是今天和妈妈讲了，感觉好好……"

我："如果你想跟妈妈聊，妈妈很愿意听。"

女儿突然又问："那给你采椿芽的男同学，后来你们怎么样了？"

我："后来上中学后我们在不同的学校，妈妈大学时去了别的城市读书，就很少联系了。"

女儿："再后来呢？"

我："妈妈工作后遇到了爸爸，和爸爸相爱了，我们一起经历了很多事情，互相帮助，我们想要一辈子生活在一起，所以我们结婚了，有了自己的家，一直相亲相爱。"

女儿："现在他在哪里？你们还有感情吗？"

我："我们许多年没有见面了，回到家乡的时候可能有机会见到他，他也找到了和他相爱的人，结婚以后有了像你们一样可爱的孩子。我们现在还有同学友情，有时候也会通信息互相问候一下。"

谈话间，先生一直在旁边眯着眼偷笑，听得津津有味……

餐后，先生挽起袖子和我一起洗碗刷锅。我看着他宽实的肩膀，一时觉得十分温馨。

女儿走过来甜甜地说："妈妈，你是不是最爱爸爸？"

我："是啊，爸爸妈妈很相爱，我们很幸运找到了对方，我们要一直爱到你们长大，爱到我们都老了，我们是最亲最亲的一家人。"

女儿环住我们两个：“我也爱你们，将来我也会遇到和我相爱的男生，与他一起生活。”

想起前段时间女儿班上的几个女同学到家里做客，小姑娘们躲在房间里咬耳朵，议论班级里面自己心仪的男孩子，哪个比较帅，哪个比较强壮，哪个是学霸，而女儿因为转学，告别了原来班级上跟自己很要好的一个男孩，感到无比惆怅。今天的聊天，或许让女孩的小小心结舒展开来了……

看着娃们天真烂漫的样子，希望这段“椿芽炒蛋”的时光，将来也会出现在他们讲给孩子的故事中吧。

第三节 成年人对孩子爱情的认识误区

1.文化传承的缺陷

让·皮亚杰（Jean Piaget，瑞士人）是近代著名儿童认知发展心理学家。在100多年前，他观察和记录了自己的两个孩子出生后在适应环境的活动中，对事物的认知及面对问题情境时的思维方式与能力表现。随后这个研究扩大到更多的孩子，由此创立了儿童认知发展理论基础，被公认为是20世纪发展心理学上最权威的理论。100多年来，经过更多后来者的研究，皮亚杰的认知发展理论得到了丰富和完善，并渗透到了人们养育孩子的理念和行为中，成年人了解了孩子在每一个年龄阶段的认知水平，并懂得结合孩子的认知水平帮助孩子学会认识世界，学习知识，不会拔苗助长，这种文化一代又一代地传承了下来。

弗洛伊德（奥地利人）是近代性心理研究大师，100年前就对儿童的性发展规律提出了自己的研究成果。100年来，后继者不断丰富和完善弗洛伊德关于儿童性心理发展的规律，并将这样的规律运用于教养孩子的理念和行为中。比如，当孩子有手淫行为的时候，西方的父母不会认为这是一种病或者是一种不良行为，而是清晰地知道这是孩子性发展的过程，只要遵守3个原则——不在公共场所、注意卫生、不弄伤器官，就是被允许的。这种教养孩子的理念经过100年的浸润，已经代代相传至今。在每个孩子的长大过程中，父母都会用这样的理念和方式来帮助他们，等他们长大为人父母后，他们也会对孩子的手淫采用父母曾经对待自己的方式和理念，这就是传承。

对于青少年爱情心理的发展规律，西方学者也早有研究，提出了爱情心理发展的四个阶段：异性排斥期、异性相吸期、异性眷恋期、择偶期，这个发展规律也被浸润于父母对孩子的教养理念和行为中，人们一代又一代地传承着父辈的教养理念和行为。当孩子在青春期喜欢上一个异性时，父母和老师都懂得尊重孩子的情感，告诉孩子底线，帮助孩子完成这个阶段爱情的早练；当孩子的爱情心理发展到喜欢参与有异性参加的群体活动时，学校和家庭都会积极为孩子们创造条件，举办多种活动为孩子们提供交往的契机。当孩子长大后为人父母，他们也会以这样的理念和方式来应对自己孩子的恋情。

然而在中华几千年的文明中，我们缺失了尊重孩子成长规律的文明。从古至今，被我们称为教育家的人群里，没有一个教育家像皮亚杰一样潜心研究过孩子的认知发展规律，也没有一个教育家像蒙台梭利一样去发现孩子的每一个敏感期，更没有人像弗洛伊德一样去研究儿童的性发展规律……对儿童成长规律进行深入研究的文化没有在我们的文化中生根开花结果。由此，孩子生命成长的规律从古至今没有浸润到我们的教养行为中，一代又一代的父母们都用父辈的教养方式来对待自己的孩子。然而，父辈的教养行为缺失了对孩子发展规律的尊重，缺失了对孩子不成熟行为的接纳，缺失了应对孩子性发展的能力。

以下是3则成年人给我的部分留言，在这些留言中，我们看到了孩子因为爱情被羞辱而导致的心理伤害，也看到了这些伤害在他们成年后留下的心理阴影。

留言一：

我性格比较开朗外向，自小就与男生关系好，有时候男孩会来我家大门口，找我聊天说话。我妈妈就开始担心，告诉我：“那个男生有企图，影响不好啊，别人会认为你是个不太正经的女孩。”甚至还出面赶走那个男生。所以，从小我就认为：不能和男生有过多的接触，会让别人认为我是个坏女孩。进入青春期后，我总是会躲闪男生的目光，当别人想进一步接触我的时候，我内心的信念会告诉我：“不行，要回避！”所以，青春期的我没有恋爱，在那种既期盼又觉得羞耻的纠结心态中，有了很多遗憾！现在我已经明白，孩子的爱情没有这么复杂，是大人把经验强加给了我们，导致多少像我这样的女性，直到20多岁才懂得爱情是怎么回事。

留言二：

我在青春早期的时候曾经历过这样的矛盾和压力：面对爱情，既向往又恐惧。怕老师发现，更怕家长发现，也怕耽误学习。我深深地记得，我妈妈偷偷看了我的日记，发现了我早恋的事情，对我进行了严厉的批评，并恐吓我要到学校去告诉所有人，让所有人都知道我羞耻的行为。当时的我恐惧到了极点，因为我的学习非常好，还是团支部干部，我觉得天都塌下来了。直到现在想起来我都还会有恐惧感，这件事情对我的伤害很大。

如今我已经为人妻为人母了，虽然我的孩子才两岁半，如果有一天他14岁，突然向我宣布他有了女朋友，我该如何面对？虽然我一定不会像我的母亲那样处理问题，但不否认我会紧张，我会害怕他不知道该如何处理情感与性冲动之间的关系，做出伤害自己和伤害女孩的事情。

留言三：

我们小的时候谈到喜欢的异性，父母师长便以“早恋”来定义这种情感，接下来用他们的思维去描绘一个情色的世界，然后就开始攻击孩子。我们也习得了这种思维，很多成年人也用情色的眼光来看待孩子的恋情，让孩子受到伤害。我一直在问自己：假如我的女儿早恋了，我能不能做到不顾及外界的议论？我更害怕孩子承受不了环境压力带来的生命之重，以命搏情，这是我最担心的。

在我们的文化下，个体在童年或青少年时期经历爱情时，从成年人那里得到的是羞辱、谩骂、诋毁、监视，成年人像审查犯罪嫌疑人一样审查孩子的恋情，竭尽所能地让孩子感到爱情是生命的耻辱和负罪。在经历生命中最美好的情感时，孩子没有从父母和教师那里获得过帮助与支持，在爱情中遭到的种种非议和羞辱，给孩子留下了深深的心理创伤。成年人这种对待孩子爱情的方式被一代又一代地传承了下来，导致一代又一代的孩子在成长中没有机会获得正面的爱情体验，生命里存在着成长的缺陷。这些缺陷使得成年人无法正确对待孩子的爱情。

2.成年人的认识误区

成年人在爱情方面的成长缺陷会导致其对孩子爱情的各种错误认识和做法。

误区一：假装不知道孩子的恋情

当我的孩子恋爱了，我会淡化处理，假装不知道这事。

如果“淡化”的意思是指不闻不问和假装不知道，这种不真实是对孩子的不尊重。父母可以从孩子的情绪中无声地关注事态的进展，如果孩子愿意主动谈及自己的恋情，父母要积极回应，给孩子输入健康的爱情观；当孩子经历爱情的迷茫与困惑时，父母要给予孩子帮助和指导；当孩子经历爱情带来的伤心和痛苦时，父母要给予孩子安慰和关怀；当孩子面对爱情的失败时，父母要给予孩子信心和勇气。在孩子进行爱情早练时，父母要做一个好的引领者。

误区二：不长久的爱情没有意义

如果我的孩子恋爱了，我会告诉孩子：爱情对你来说是个错误的想法，你现在的爱不是长久的，因为环境会变、经历会变，感情也是会变的。有一天你会发现这个女孩很可爱仅仅是因为她的学习很好，但还会有一天，你会说那个女孩也很可爱，因她跳舞很好……等你的心智更成熟时才可以确定自己的爱情。

这段话语中存在三个错误，第一个错误是“爱情对你来说是个错误的想法”。爱情不是大脑的想法，而是孩子生命的悸动，是生命中爱情密码开启之后的情感体验。这种体验不以我们的好恶而存在或者消失，爱情一旦出现，就会镶嵌于孩子的生命中，留下深刻的印记。这句话给孩子带来了对爱情的误解。

第二个错误是“你现在的爱不是长久的”。人类相信爱情是长久的，这是人类对爱情信心的基础，否则，没有人会愿意为爱情赴汤蹈火。父母的这句话语是对孩子当下爱情的否定，这样的否定就是对孩子情感的不尊重，破坏了孩子生命中对于爱情坚贞的信念，贬低了爱情的品质，扰乱了孩子对爱情的认知和体验，会让孩子感觉到爱情的不安全，挣扎在是否对情感全心付出之中。

第三个错误是“等你的心智更成熟时才可以确定自己的爱情”。爱情心智是在经历爱情的过程中逐渐成熟起来的，没有经历过爱情，其他方面的心智再怎么成熟，对于爱情，孩子依然是白丁。

误区三：孩子不懂得选择爱人

孩子的情感不存在对错，但他们选择爱情对象却有对错，因为他没有对未来的预见性。有多少人的初恋是最终的恋情，有多少人的早恋是成功的？如果孩子把爱情想得那么美好，最终孩子会不会受更大的打击呢？

孩子的爱情来自让他（她）情窦初开的那个人，这不是孩子使用大脑有意图的选择结果，而是两个人情感碰撞出来的火花。孩子的爱情对象没有对错，只要看双方是否有爱的火花。成年人以自己的标准来裁定孩子的爱情对象的选择是对还是错，这种做法本身就是错误的。

孩子爱情的目标不是婚姻，只是为孩子带来情感和经营两性关系能力的成长，成年人不可以用孩子的爱情是否进入到婚姻作为判定爱情对错的标准。要求年少孩子对爱情要具备40岁的成年人才具有的预见性，这是不符合人性的。

孩子对爱情的美好感受不是孩子想出来的，而是孩子体验到的，即使孩子只是从书籍影视中看到了爱情的美好，那也是生活经验的反映。任何人都不可以否认爱情的美好，也不可以否认爱情可以给人们带来挫折或伤害。父母要让孩子自己在爱情中去体验，而不能够否认孩子对爱情的体验。即使孩子遭受了挫折和伤害，也是孩子成长的经历，这些经历会成为孩子下一段爱情的财富。

案例中父母给孩子传递了爱情如此负面的能量，这些负能量只会破坏孩子对爱情的真实认知和体验，破坏孩子对爱情的信念和勇气，父母的做法是得不偿失的。

误区四：18岁前没有爱的能力

能不能告诉孩子，那只是喜欢，不是爱，只有18岁后才有能力去爱？

人类爱的能力与生俱来，不是18岁才具备的，每一个年龄阶段，孩子都有爱的能力，只是，每一个年龄阶段表达爱的方式不一样。比如，幼儿园阶段的孩子，表达爱的方式可能更多的是用身体语言和行为。

我在北京李跃儿芭学园观察研究期间，看到一个2岁的男孩喜欢上了一个女孩，每天他都会在女孩面前翻跟斗，以此吸引女孩的关注，他觉得自己最拿得出手的就是这个动作了，这是2岁男孩爱的表达方式。随着孩子年龄的长大，他们会直接用语言来表达，对自己喜欢的异性说：“我喜欢你。”再长大一些，孩子会用写情书、送礼物、约会等方式来表达。所以，每个年龄阶段的孩子都会用自己具备的爱的能力去爱一个人。在孩子的内心里，他们能够清晰地知道“喜欢”和“爱”的区别，只是他们无法用语言来说明，但他们常常在行为中已经表现出来，成年人不可以否认这一点。

误区五：尊重孩子就是顺从孩子的任何行为

我早恋时碰到了一个品质不好的男生，对我的伤害很大。如果我女儿喜欢上了一个混迹社会的青年，或者网恋，我明明知道这对女儿来说很危险，我也要尊重孩子的选择吗？

我们尊重的是孩子的情感，以及孩子情感的发展规律，不是顺从孩子所有的选择和行为。孩子的心智不成熟，父母要对孩子的成长负起责任。如果孩子与社会混迹的青年交往或者网恋，父母不可以顺从孩子的选择，要进行阻止，防患于未然。在孩子的成长中，家庭的文化背景和父母的教养方式影响着孩子交友的价值观，父母的责任之一是把握孩子的交友，这些因素决定了孩子对爱情对象的选择。

误区六：孩子在6岁前才有婚姻敏感期

女儿7岁，刚上小学一年级。最近她对恋爱、亲吻、王子公主结婚的话题非常感兴趣，一边说着一边兴奋尖叫，还说班里男生盯着女生看是因为他喜欢她呀！据说幼儿园的孩子有婚姻敏感期，到了小学自然会消退，可是女儿非常热衷恋爱结婚的话题，我很困惑！

儿童的婚姻敏感期在孩子3~6岁阶段，5~6岁达到高峰期。但这仅仅是一个规律，孩子存在个体差异，一些孩子可能在6岁以后才进入婚姻敏感期，这也是正常的。另外，如果孩子6岁前婚姻敏感期的发展受阻，在7岁后会出现修复的机会。

误区七：孩子的爱情对象应该符合成年人标准

女儿7岁，上小学二年级。昨晚她悄悄地说："妈妈，我有男朋友了，我也一直喜欢他。他还给我写过情书呢，就是一张纸，上面写着我爱你，还画了颗心。”说罢羞涩地把脸掩在被子下面。我忍不住问女儿：“你喜欢他什么呀？”女儿说：“明明学习好，对我也好。”多天真的孩子。我是否要给孩子讲解一下好男人是怎样的男人？要不要告诉孩子什么样的人是可以爱的，什么样的人是不可以爱的？对孩子的爱情还是要指引的，我这样的想法对吗？

女儿眼里的“好男人”标准是“学习好，对我也好”，孩子有自己对“好男人”的标准。妈妈可以了解孩子对“好男人”的看法，而不可以将自己对“成年好男人”的标准强加给孩子。随着孩子的成长，孩子对于好男人（好女人）的评判标准也在不断变化，这也是孩子成熟的过程。孩子的人际环境是单纯的，爱情的重心是体验情感而不是寻找结婚对象，成年人不要将孩子的人际环境复杂化。比如，将孩子的爱情直接与未来的婚姻捆绑，这种引导是将成年人的择偶标准强加给孩子，这就违背了年少孩子爱情的本质。

父母希望孩子懂得什么样的男人（女人）是好男人（好女人），那么，在家庭中就要给孩子示范好男人和好女人。妈妈要给孩子示范做一个好女人、好母亲、好妻子、好女儿，爸爸要给孩子示范做一个好男人、好父亲、好丈夫、好儿子。孩子会从父母的示范中懂得什么是好女人或者好男人。

误区八：成绩好才有爱情的权利

儿子8岁，小学二年级。他喜欢上了同学小丫。后来，我接到小丫妈妈的电话，让我好好管管儿子，不要再“纠缠”她女儿了。罪状如下：儿子一下课就找小丫玩，摸小丫的脸，甚至亲过小丫的脸，把小丫吓得躲进了洗手间。同学说儿子是色狼。我告诉过儿子表达对小丫的喜欢要用对方喜欢的方式，儿子说他帮小丫拿书包，帮小丫把解不开的跳绳解开了。在小丫妈妈的干预下，我不允许他跟小丫玩。他表面上也同意了，但我心里感觉儿子好可怜！儿子的成绩不好，爸爸说如果你成绩好了，小丫就会喜欢你啦等这样的话，想激发他的学习积极性。我很困惑，一方面不知道如何正确引导儿子，让他在这份小小感情里面不受伤害，另一方面也不知道如何应对来自外面的声音和压力。

当8岁男孩为小丫情窦初开之时，他会用各种方式来表达对小丫的喜爱，如果在一个懂得孩子行为的环境中，男孩的行为是被接纳和理解的。不幸的是，男孩生活在一个不懂得孩子心理发展需要的社会环境中，其行为会招致谴责和抨击，这对孩子的情感发展是不利的。如果小丫的妈妈懂得这是一次女儿成长的机会，可能她就不会这样做了。

男孩的恋情会面临同伴和环境的压力，我们不能够改变环境和小丫妈妈，但我们可以做到对孩子的恋情不加以羞辱和耻笑，这样就不会对孩子造成更多的伤害。妈妈在接纳和理解孩子的爱情时，可以告诉孩子：**你可以喜欢小丫，但不可以随意触碰小丫的身体。**

爱情是生命的权利，没有任何附加条件。成年人将孩子的情感捆绑到学业成绩上，利用孩子的恋情达到自己的目的（希望孩子成绩优秀是成年人的目的），并美其名曰“激励”孩子的学业上进，这是对孩子情感的“物化”，其结果是扰乱了孩子的情感发育。孩子不再从内心体验情感，而是用学业成绩来衡量这种情感的“浓烈”程度：成绩好，小丫就会喜欢自己；成绩差，小丫就不喜欢自己。最终孩子会明白小丫不是喜欢自己，而是喜欢自己的成绩！这样的“情感逻辑”会沉淀到孩子将来的人际关系中：因为我有了什么（有了外在的附加物，而不是因为我这个人本身的品质），所以他们会喜欢我，愿意与我交往。这样的情感价值观将成为孩子在未来生活中获得良好人际关系和婚姻关系的绊脚石！

误区九：孩子的爱情要走入未来的婚姻

亲戚9岁的小男孩很投入地喜欢上了7岁的表妹，当他认为自己是米奇的时候，叫表妹米妮；当他扮演喜羊羊的时候，管表妹叫美羊羊。两个人的确很要好，可是，表哥和表妹终究是没有可能结婚的，怎么引导呢？

年少时期的爱情是为将来进入婚姻进行的早期练习，而不是要两个孩子进入未来的婚姻，不要将童年的恋情与孩子成年后的婚姻进行“捆绑”。

误区十：爱情会影响孩子的学习成绩

女儿8岁，最近喜欢上了一个同班男生，每天回家都会与我谈到这个男生，有时候还会带些零食给男生吃。有时候我看到她很开心，但有时候与男孩发生矛盾，回到家里就不开心。这种情绪波动影响到了她的学业，最近的一次考试成绩，老师说她有下滑。虽然我知道女儿喜欢这个男生对女儿的成长有好处，但我还是担心她的学习成绩。

孩子在这段情感中体验和学习经营两性情感，这是非常难得的一次体验机会。孩子的情绪波动可能会影响到学业，这只是一个阶段性的过程，妈妈要帮助女儿调整好情绪，将负面的影响降到最低。我们不主动鼓励孩子有恋情，但当孩子的恋情自然到来之时，父母需要保持冷静。当我们纠结于孩子当下的学业成绩和未来的爱情能力时，不可以采用二选一的方式，而是应该清醒地认识到这是孩子完整成长的过程。爱情能力既然已经开始发展了，就不可以压制，父母要做的是保持孩子成长的完整和平衡。

误区十一：被拒绝会伤害孩子

儿子现在5岁，喜欢上了一个女孩，但是女孩总是冷落他，每次被冷落他就会来找妈妈。孩子被对方拒绝，会很难受，会给孩子造成伤害吗？如果孩子将来失恋，失恋的痛也会伤害孩子的。担心孩子今后因为被拒绝或者失恋而会害怕恋爱。

被拒绝和失恋都是完整爱情的组成部分，是孩子在爱情中遭遇的挫折体验，孩子会因此挣扎其中——既想得到这份爱情，又要忍受其痛苦。如果孩子在多次被拒绝之后，放弃了对这个女孩的喜欢，孩子就学会了对爱情审时度势，成就了孩子在爱情中能够放下的能力；如果孩子一直坚持喜欢这个女孩，无论被女孩拒绝多少次，孩子都不离不弃，这份坚持便成就了孩子在爱情中坚忍不拔的毅力。无论是放下的能力还是坚持的毅力，都为孩子内心情感的丰富与成熟添了砖加了瓦，都有益于孩子的成长。

一些孩子在遭遇对方冷落后，会有挫折感，比如案例中5岁的男孩，受挫后找妈妈寻求安慰。挫折让孩子明白了一个道理：这个世界不是以我为中心的！这是孩子脱离自我为中心的发展契机。无论孩子是坚持还是放弃，父母做好陪伴就可以。孩子经历爱情挫折时不会受到伤害，成年人对孩子爱情的讥讽、嘲笑、诋毁、攻击和不尊重才会导致孩子受伤。

第四节
帮助孩子理清爱情与性的界限

一天，吃晚饭的时候，7岁多的儿子突然问我："妈妈，小鸡鸡对小鸡鸡是谈恋爱吗？"

我十分惊讶和恐惧，忍不住反问道："谁告诉你的？"

儿子迟疑了片刻，吞吞吐吐地小声回答道："是我自己想的。"

我让自己镇静了一下，有些机械地告诉他："不是的。"

儿子继续问："那么，嘴对嘴呢？"

我说："嘴对嘴只是一种表达亲近的方式，也不等于谈恋爱。"

儿子追问："那么，手拉手呢？"

我笑了："也不能和恋爱等同，手拉手还可以表示友谊。"

他接着问："屁股对屁股呢？"

我说："那就更不是了。"我脑海里浮现出夏威夷部落的人跳草群舞的样子，并笑了起来。

他见我否定一切，还笑，便又调皮地问：“小鸡鸡对小鸡鸡呢？”

还不等我想好怎么答复，他就自以为是地叫起来：“耶！小鸡鸡对小鸡鸡就是谈恋爱！小鸡鸡对小鸡鸡就是谈恋爱！”

坐在一旁的姥姥急了：“就知道说这些坏话！再乱说，就不准吃饭！”我向姥姥使眼色，禁止她再发这等言论。这不是告诉孩子“这是禁忌的话题，他是坏孩子”吗？以后他有了这方面的问题，还敢跟我们说吗？

晚上睡觉前，当我考虑好了怎么和儿子谈论这个问题时，向他提议说：“儿子，我们谈谈吧。”他以为我要追究他，便说：“陪我睡觉可以，跟我谈话不行。”我劝道：“你听我说嘛。”儿子坚持：“我不听！我不听！”他干脆用手紧紧捂住了耳朵。

我见他拒绝，于是直接大声说：“小鸡鸡对小鸡鸡不是谈恋爱的过程，而是创造新生命的过程。”

他一听，觉得我是在和他探讨问题，于是放开捂着耳朵的手，开始听我说。

我说：“但是，创造新生命需要几个条件。第一，男女双方要到20多岁，才能产生成熟的精子和卵子。这样结合了，才能生出健康的宝宝。第二，男女双方要相爱，如果爸爸妈妈都相互不喜欢，整天吵架，宝宝会幸福吗？第三，男女双方要先结婚，之后才能生孩子。因为结了婚，生出的孩子就有了法律的保障。”这个问题涉及法律，比较抽象复杂，我不打算多讲。

我接着说：“第四，生孩子要有一定的经济基础。你想想，孩子要喝奶粉，要上学交学费，要去公园玩，这些要不要花钱呢？第五，做父母还要学习教育自己的孩子，还要有时间给他孩子讲故事，还要做很多准备的。因为父母带新生命来到这个世界，就意味着要爱他，要对他负责。否则，宝宝怎么能健康地长大啊？”

最后，儿子总结说：“长大了要结婚，要有点钱，要有文化，懂得怎么教育孩子，要有时间陪孩子。”

这个问题谈得差不多了，我开始转移话题：“你刚才说到谈恋爱，你喜欢谁啊？”

“我同桌的女孩。”他轻松自然地回答，证明他知道我们不对这个话题设防，并完全信任我。

我继续问：“喜欢女孩什么呀？”在我的引导下，他说出了女孩的一堆优点：“因为她聪明，她语文每次都得5颗星，她还漂亮，她善良，总是帮助我。我的卷子不见了，她帮我找。我不会做的题，她告诉我怎么做。还有，她上课不讲话……”

我问：“你呢？你觉得自己身上有什么值得人家喜欢的地方？”

“我聪明、善良、上课不讲话！只要我足够优秀，就自然有人喜欢！”儿子一口气说出了对自己的评价，仿佛他早有准备似的。这就是我想要听到的答案。

只要你有思想上和知识上的准备，只要你尊重孩子理解孩子，只要你仔细观察孩子的发展，你就能发现许多重要的教机（教育机会），哪怕这些教机表面上看来像是危机。利用这些教机，你与孩子平等地交流探讨，就可以帮助孩子成长一大步。这是我读胡萍老师的著作和博客文章之后的认识和体会。

这是一位母亲对儿子的引领，她懂得如何为孩子营造一个安全讨论性话题的环境，让孩子从抗拒到敞开心扉与妈妈交流，这一点是很多父母都缺乏的教育智慧。妈妈在与孩子的聊天中，将健康的价值观、科学的知识、责任感等都输入给了孩子，同时帮助孩子理清了性和爱情的界限。这是一次智慧的聊天。

SHANJIETONGZHEN Chapter 4

第4章 孩子的亲吻和拥抱

亲吻和拥抱
是孩子对他人表达爱和喜欢的方式
这让孩子在幼年时就拥有了人际交往的能力

第一节
成年人对孩子间亲吻拥抱的认识误区

儿童更多地用肢体语言来表达自己的情感，拥抱和亲吻自己喜爱的同伴，被亲吻者也享受被爱的感觉。在我们的文化下，儿童时期表达爱的方式被成年人扭曲，成年人将孩子间的亲吻、拥抱贴上了性行为的标签，并为此耿耿于怀，总是想尽各种办法阻挠孩子间爱的表达。在成年人错误的干扰下，孩子开始怀疑自己表达爱的行为是肮脏的或错误的，孩子人际交往能力的发展被成年人破坏了。

几千年来，在我们的文化中，只要男女身体接触就是有“性”意味，这种观念禁锢了男女间以身体接触来表达情感。现在，这种禁锢正在慢慢解除，异性同学或好朋友间也会拥抱。欢喜的时候拥抱，由此分享喜悦和幸福；悲伤的时候拥抱，由此相互支持。身体的接触让人们更能够感受到情感的流动，这也是人类表达爱与情感的一种语言。

对于成年人来说，异性间拥抱、亲吻的禁锢还残留在意识中，由此对孩子间的亲吻、拥抱存在认识上的误区。

误区一：亲吻、拥抱是流氓行为

儿子2岁多，经常与楼下邻居家的同龄小女孩玩，一见面他就喜欢抱抱女孩，亲亲女孩，两个小孩彼此喜欢，拥抱亲吻时也很开心。可是，女孩的妈妈说儿子是“小流氓、小色鬼”，她还告诉女儿：“推他！打他！”我对儿子说：“不要亲她了，她不喜欢。”可是儿子一见女孩就忍不住亲她抱她，为此还挨了另外一个小女孩的耳光呢！我不知道该怎么办，难道只有少让他们来往么？

女孩妈妈将两个孩子间爱的表达看成了男孩的“流氓”行为，这是对男孩的玷污，也是对自己女儿的玷污。男孩妈妈要求儿子不要拥抱亲吻女孩，这是阻碍孩子人际能力发展的行为。男孩妈妈在潜意识中也认同了女孩妈妈的话，所以才会不知所措，阻碍儿子与女孩的交往。男孩妈妈需要懂得两个孩子的行为会促进人际关系发展，同时尽力将这样的理念传递给女孩妈妈，改善孩子的交友环境，可以与女孩妈妈耐心交流，或者送我的书给女孩妈妈。总之，成年人不要要求孩子改变，而是自己要做出改变。

误区二：亲吻拥抱不卫生

儿子4岁半，上周我去幼儿园接他时，看见他和女孩告别，他撅着小嘴，亲了那个女孩的脸蛋儿。在那一刹那，我有些感动。但周围女孩子的家长，大多是不想让自己的女儿被人亲吻的。所以，回家后我给儿子讲：“以后咱不可以亲女孩，这不是中国人的传统礼仪，还有这不卫生。”儿子不以为然，说：“那我喜欢她呀。”我说：“你可以告诉她你喜欢她。”他说：“那还有别的表示方法吗？可不可以拥抱她？”我说：“尽量不要拥抱，他们的家长不喜欢。”过了几天，我又看见他和几个女孩子玩的时候互相拥抱。我不知道该怎么引导孩子，黔驴技穷了啊！

妈妈在感动儿子亲吻女孩的场景时，一定是看到和感受到了一份纯真美好的情感在孩子间流淌着。然而，妈妈却没有跟随自己的内心，也不懂得孩子间表达爱的方式，妈妈阻滞了孩子情感表达方式的发展。如果妈妈担心女孩们的父母做出伤害孩子的事情，可以主动与女孩们的父母交流育儿的新理念。

误区三：亲吻是让人“烦”的行为

女儿7岁多，上小学二年级。前天她告诉我：“妈妈，今天放学我背书包准备走的时候，我旁边的一个男同学——你猜他干吗？他就这样亲了我的脸一下。我去告诉老师，老师只笑了一下，说他好烦啊！”我听到后，不知道该怎样引导女儿，只好说：“呀，臭口水好烦啊！”

女孩不知道男孩亲吻她的行为是好还是坏，她想从老师和妈妈那里得到对于这件事情的判定，而老师和妈妈都给了女孩错误的回应。妈妈和老师可以这样来回应女孩：“哦！这个男孩一定很喜欢你！他用亲你的方式表达了对你的喜欢，只是他不知道你是否愿意接受。你喜欢他这样做吗？”由此了解女孩对此事的心理反应。

之后，父母可以为孩子提出建设性意见，如果女孩不反感男孩的行为，妈妈可以告诉女儿：“妈妈认为在学校有这样的行为不太恰当，同学会议论你们。在学校里是不可以有这样的亲昵行为的，你们可以用其他的方式，比如拉拉手或者邀请他到家里来玩。你觉得呢？”如果女儿表示不喜欢男孩的行为，妈妈可以告诉女儿：“如果你不喜欢他这样做，你可以告诉他你的感受，请他以后不要这样做就行了。”让女儿学会拒绝。

误区四：亲吻拥抱是隐私行为

女儿7岁多，读二年级，在学校课间活动时亲了班里的一个小男孩，被老师教育批评。老师告诉女儿说：“男女有别，不可以亲男孩。”我看过书，也知道这是孩子表达喜欢的方式，但孩子亲吻是不是应该分一下场合呢？我们觉得孩子这样做没有问题的，但是老师那边应该如何应付呢？

孩子间表达喜爱的亲吻拥抱不是性行为，也不是性隐私行为，可以在公共场所进行。案例中的教师不懂得孩子的人际交往发展规律，妈妈可以与教师沟通，可以告诉教师自己的看法，也可以送相关书籍给教师看，让教师明白孩子的行为是一种发展过程。无论如何，妈妈不可以支持教师的错误做法。

妈妈要与孩子沟通此事，引导孩子正确看待自己的行为。妈妈可以明确告诉孩子："你的行为没有错，你用自己的方式表达了对男孩的喜爱，老师因为不理解你的行为，对你进行了批评，她做错了。每个人都可能犯错误，老师也是人，也会犯错误的，妈妈已经与老师进行了沟通。"帮助孩子重新认识自己的行为。

误区五：孩子要自己解决问题

女儿6岁，班里有个男孩喜欢亲她，可她又不愿意。每次女儿回来告诉我男孩亲他的事情，我都告诉她："如果你不愿意，就告诉男孩你不喜欢他亲你。"她说："妈妈，我告诉了他，他还是亲我，我也没有办法啊！"我让她自己处理这件事情，但她又处理不了，我该怎么办呢？

首先，妈妈要判断女孩是不是真的不喜欢男孩亲吻自己，有时候孩子会掩饰自己的真实情感。如果妈妈判断出女孩是内心喜欢，口头却说不喜欢，那么，妈妈要引导女儿心口一致。如果女儿真心不喜欢男孩亲自己，但已经多次向男孩提出抗议后，男孩依然这样做，女儿无法解决这个问题，此时，妈妈应该出面解决这个问题。妈妈出面找男孩前，需要告诉女儿："好吧，既然男孩不听你的劝阻，只有我去找男孩谈谈了。"让女儿知道妈妈的处理计划，然后，妈妈亲自找到男孩解决问题。

第二节 孩子与父母的亲吻拥抱

1.我们与根儿的亲吻和拥抱

根儿很小的时候由我和我的母亲带，我和我的母亲都是儿科医生，我的父亲也是医生。出于医生家庭的卫生习惯，我们严禁他人与儿子亲嘴唇。我的父母对外孙表达他们的爱的时候，也只是用他们的脸贴一贴儿子的脸，而不用嘴唇去亲吻儿子。作为母亲，我与儿子自然要亲密得多，我亲吻他的脸、脑门，也亲吻他的嘴唇。我亲他的，他也亲我的。我和儿子亲嘴的方式是嘴唇撅起来相互碰触，发出亲吻的声音，然后离开。这样的方式不会传递细菌。先生与儿子亲吻也是这样的方式。

后来根儿也形成了自己亲吻的方式，除了我和先生可以与他亲嘴以外，他拒绝与其他人亲嘴。每当有人想亲他的时候，如果这个人是他喜欢的人，他就会将脸贴过去，我们也会告诉亲吻他的人不要用嘴去亲他，贴贴脸就好。如果他不喜欢这个人，就会不留情面地将脸转开，拒绝亲吻。如果没有提防被别人亲吻后，儿子会大声说："口水！口水！"边说边用手擦被亲吻的脸，搞得朋友一脸难堪。这个时候我不会责备儿子，因为那是他在表达自己的内心感受，我会告诉朋友应该遵守亲吻的规则——需要得到孩子的同意。每当儿子不愿意接受别人的亲吻时，我们决不会强迫他。我希望儿子遵从自己的内心，而不要为了讨好他人放弃自己的感受。

每晚睡前，我们有亲吻的仪式。我与根儿会互相亲吻两边脸颊、额头、下巴部位，一共要亲四下，一边亲，我们俩人一边说："左边、右边、上面、下面。"亲的时候都是嘴唇撅起，然后轻轻地碰触一下，这个仪式一直持续到了根儿10岁。在根儿10岁以后，与我们亲吻的时候，他自动地不再用嘴唇与我们亲吻道晚安，而是用脸贴脸，额头碰额头。我想他可能长大后觉得用嘴唇不好，就自动改变了。我们也就跟随他改变，这个方式一直保持到现在。

与根儿的拥抱也有这样一个渐变的过程。从根儿6岁前的亲密拥抱，到逐渐脱离恋母，大约在根儿10岁时，我与根儿的拥抱会自动成为空心状态，就是在拥抱时胸部不会贴在一起，我们没有刻意地做什么，好像母亲与儿子之间自然就形成这种拥抱方式了。现在，这种空心拥抱依然保持着。

我们来看一个案例：

女儿9岁，从小每天晚睡前都要让爸妈亲，这个习惯一直保持到现在。每次亲我时孩子都是玩似的，整个脸亲一圈，然后再亲嘴，和她爸也这样。现在她已经9岁了，特别爱亲爸爸的嘴，有一天她还说："谈恋爱就是要亲嘴的。"是不是不该让他爸亲了？

在这个案例中，无论女孩将亲嘴理解成什么含义，对于9岁的女孩来说，可以亲爸爸的嘴唇，这是孩子情感的需要，当孩子到一定年龄后，她就会慢慢变化自己与爸爸的亲吻方式，妈妈不必担心。从女孩说"谈恋爱就是要亲嘴的"这句话，我可以感到女孩的恋父情感，父母需要注意这一点。

2.父母不可以与孩子舌吻

儿子一岁半，和我亲吻的时候，总是把舌头伸出来，往我嘴巴里伸，这是怎么回事呢？

孩子亲吻时主动将舌头伸进父母的嘴巴里，就像成年人舌吻一样，这是孩子天生就具有的能力，不是孩子向谁学来的。如果孩子主动舌吻，成年人要拒绝。可以与孩子嘴唇接触，但不可以舌吻。曾经有个妈妈，在与我谈到她与自己的双胞胎儿子亲吻时，她说自己主动与两个儿子进行舌吻。这是不合适的。舌吻会将成年人口腔中的细菌带到孩子的身体里，对孩子的健康不利。同时，舌吻不适合在父母与孩子之间进行。

SHANJIETONGZHEN

Chapter 5

第5章 青春期孩子的爱情课堂

青春期孩子的爱情课堂是为13岁以上的孩子设计

能够引导孩子思考爱情、

整理爱情价值观、学会承担爱情责任

第一节
青春期爱情心理发展的4个阶段

人类的爱情会经历两个阶段的发展。第一个阶段的爱情是“无性”状态，这个时期的爱情不带有性冲动，仅仅是让孩子体验异性相爱的情感；第二个阶段的爱情是情与性的交织状态，这个时期的爱情带有性冲动。青春期孩子随着身体内性物质（性激素、精子、卵子）的日益完善，繁衍的“程序”开始启动，爱情目标自然就直指性目的了。

在青春期，人类的爱情心理会经历4个阶段的发展过程，每个阶段的发展都有着自己明确的发展任务，以帮助个体发展出找寻心仪异性的能力，并学会经营两性情感。

第一个阶段：异性疏远期

孩子在9~10岁进入此阶段，持续时间为1~2年。这是孩子进入青春早期发展的时期，表现为有意识地疏远异性，其心理机制是孩子身体出现第二性征的发育，潜意识里不愿意异性发觉自己身体的变化。比如女孩的乳房开始发育，男孩开始长出阴毛，他们会担心别人发现自己的变化，有意识地回避异性，由此产生排斥异性的心理。这个阶段，孩子更愿意与同性伙伴在一起。

我们来看这样两个案例，案例中的两个女孩可能正处于异性疏远阶段。

案例一：

女儿11岁，身体才刚刚开始发育，去年参加学校演出，跟一个男孩一起跳舞，本来是拉手的动作，她却不愿意，结果两人就互相拉着手转圈。回家后我问她为什么不拉手，她说不喜欢。

案例二：

女儿13岁，读初二，前几天说觉得很讨厌男生，不愿碰到他们，跳集体舞时有个动作要拉男生的手，她说会先把手缩回袖子里再隔着衣服接触，男生也是一样。我问她是不是约定好的，她说不是。

如果孩子已经过了异性排斥期，应该进入异性相吸期。但是，如果成年人长期对孩子灌输了错误的观念，比如与男生接触是不好的行为、是下流行为等，这些错误观念就会导致女孩对两性关系的误解，以后将很难与异性建立一段自然的良好的关系。

第二个阶段：异性吸引期

孩子在11~13岁进入此阶段，持续时间为2~3年。表现为积极参加有异性参与的集体活动，其心理特征是对异性开始产生好奇和好感。进入这个发展阶段的孩子，在群体活动中可以发现自己喜欢的异性类型。父母和学校都应该为这个年龄阶段的孩子积极创造条件，让孩子有更多机会与各种特质的异性接触，满足这个阶段孩子爱情心理发展的需要，帮助孩子完成此阶段的心理发展任务。

我们来看这个案例，案例中的这个11岁男孩正处于异性相吸阶段。

11岁男孩，上六年级，用QQ跟女同学说“我喜欢你”，女生也不反感男孩，他们每周六下午会跟同学一起，集体聚会玩耍。我发现后一直保持观察的方式，几个月过去了，儿子的学习和生活没有什么改变，学习成绩也比较稳定。

第三个阶段：异性眷恋期

孩子14~17岁会进入此阶段，这是孩子进入青春期中期发展的时期，表现为期望与心仪的异性单独约会，其心理机制是希望对异性有更深入的了解。孩子在经历第二期群体交往的基础上，发现了自己喜欢的异性类型，希望与这种类型中的个体进行深入交流，这是寻找真正适合自己的未来配偶的开始。如果经过深入交往后，发现该异性并不适合自己，往往会经历情感变故的过程。在这一时期，孩子会经历一个失恋与新恋情交替出现的过程，也是孩子不断寻找适合自己的未来配偶的过程，这样的经历会给孩子带来许多处理情感的经验，为孩子未来进入婚姻、处理两性关系奠定了基础。经历异性眷恋期的孩子，特别需要得到成年人的帮助，从成年人的经验和引领中学习处理两性情感的能力，建构健康的爱情价值观。由此，家庭和学校都应该为孩子们提供足够的支持。

第四个阶段：选择配偶期

孩子18岁后进入此阶段，这是孩子经历青春期晚期的发展。经历了前面3个阶段的爱情能力发展之后，孩子已经明白了怎样的异性才是适合自己的，并开始有目的地选择适合自己的异性，为未来的婚姻做准备。然而，由于个体心智与经营爱情能力的不成熟，爱情价值观也会受社会与家庭的影响，这个阶段的恋情依然不稳定，存在失恋与新恋情的交替出现过程，这个过程的价值在于找到双方都感觉合适的配偶并进入婚姻。

并非每个个体都会按照上述年龄，按部就班地进入爱情心理各个阶段的发展，但是，人类的爱情心理发展都要经历这样的历程：**排斥异性→在群体中找到自己喜爱的异性类型→期望与自己喜欢的异性深入交流→发现理想异性与现实异性的差异→重新选择异性进行交往→在这样的过程中慢慢成熟→具备选择自己终身伴侣的能力→稳定的婚姻**。人类的繁衍要以美满的情感和稳定的婚姻为基础，以保障人类孩子在稳定的家庭中健康成长，这是物种健康繁衍的保证，已经成了大自然的规律。

在善解童贞孩子课堂里，我会为孩子讲解清楚青春期爱情心理的4个发展阶段，让孩子做好迎接每一个发展阶段到来的心理准备，理解自己在每一个发展阶段中出现的爱情心理和行为，这样的心理准备对青春期孩子同一性的发展至关重要。

孩子的早练总是会引起父母过度的焦虑，父母应对孩子早练的错误方式会导致父母与青春期孩子间产生尖锐的矛盾，也导致孩子的爱情发展进程受挫。如果孩子在异性吸引阶段受到阻止，没有获得更多的机会参与群体活动，孩子就会直接进入下一个发展阶段，直接与异性进行一对一的关系。这也是目前孩子过早进入一对一的异性关系的重要原因之一。

第二节 爱情是生命的悸动

在多年与青春期孩子的接触中，我发现一些青春期的孩子对某位异性并没有产生爱情，但因为自己的朋友有了恋爱对象，或者班级里好多孩子都有了恋爱对象，于是，为了自己的面子，匆忙寻找一位异性作为自己的恋爱对象，向别人表示自己并非“剩女”或者“剩男”。这是青春期孩子情感幼稚的表现。在善解童贞孩子课堂里，我会告诉孩子如何感知爱情的到来。

1.爱情给生命带来的感觉

一旦遇上爱情，我们的生理和心理都会出现相应的反应，当我们的心灵和身体产生了如下的感觉，我们可以判断爱情已经悄悄进入了我们的生命：

◆时刻想和Ta在一起，每时每刻都在想念着Ta，无法控制。

◆看见Ta就脸红心跳，就像是触电般的感觉。

◆很想和Ta讲话，但又害怕自己说错了话。

◆很想向Ta表达自己的爱意，但非常担心被拒绝。

◆给Ta的情书写了半年还没有完成，总觉得自己还没有写到最好。

◆终于将情书转交给了Ta，每时每刻都忐忑不安，害怕被拒绝。

◆总是想引起Ta的注意，比如故意大声说话、大声叫喊、做一些出格的事情。

◆努力将自己变得更好，希望Ta能够对自己刮目相看。

……

这样的身心反应就是生命情感的悸动，带给我们前所未有的体验，这份体验丰满了个体的身心感受。当爱情来到生命中，你有权利享有自己的爱情，这是对自己的情感负责任的做法。

2.我的心跳得比赛车还要快

在一次善解童贞孩子课堂里，我为8~9岁的孩子讲授“妈妈，我从哪里来”这一课。在课堂开始的时候，我引领孩子们从爸爸妈妈的相爱明白生命是爱的结果。当我讲到“茫茫人海中有一个男人和一个女人相遇了，他们被对方吸引……”一个女孩的话打断了我，她大声说道：“这不就是梦中情人吗？”孩子们大笑起来，并开始七嘴八舌地谈论梦中情人。我决定和孩子们讨论一下这个话题。

我：“哦？梦中情人？！”

女孩A：“就是心里想着的人，我也有梦中情人。”

我还没有来得及与A讨论她的梦中情人，女孩B插话了：“我爸爸不是我妈妈的梦中情人。”

我转向女孩B：“你怎么知道不是呢？”

女孩B：“他们是因为都没有找到自己的梦中情人，才结婚的。”

我：“是妈妈告诉你的，还是你自己这样认为的？”

女孩B：“我妈妈告诉我的。”

女孩B的妈妈正好坐在课堂里，我不知道她听到女儿的话有怎样的感受。这个时候一个坐在后排的男孩高高举手，要求发言，我示意他可以。

男孩：“我有梦中情人了，我有梦中情人了！”他笑意满满。

我以为自己听错了：“你是说你有梦中情人了？”他点点头。

我忍住没有笑出来，“好吧，你每天可以都见到你的梦中情人吗？”

男孩：“可以，她是我同学，我每天都见到她，她就是×××。”

我："每天见到她时，你的感觉是怎样的呢？"

男孩："我感觉我很幸运！"男孩一脸的幸福状。

我："那你的心跳会怎样？"

男孩："我的心跳，我的心跳，我的心跳得比赛车还要快啊！"

此时，女孩A一脸忧伤："可是，我已经见不到我的梦中情人了。"

我转向女孩A，问："哦？他不是你的同学吗？"

女孩A一脸幽怨地说："我们不是同学，我们不住在同一个城市，他是我在一次旅行中认识的，旅行结束后我们就分开了，后来再也没有见到他。"看得出来，她一直怀念着那个男孩。

我心里那个柔软的角落被孩子们触动了，他们的情感是如此的真挚。

此时，前排的一个男孩发言了，他非常认真地对我说："老师，他们这是早恋，早恋是不好的，真的，早恋有害啊！"

我立刻意识到教机来了，对孩子们说："爱的情感是人类最美好的情感，只要是真实的情感，就是值得我们尊重和祝福的。"我希望孩子们懂得情感是美好的，每个人的情感都应该得到尊重，那种把孩子的爱情定义为早恋的错误观点，是存留在孩子心灵的垃圾，我的课堂职责是要帮助孩子们清理这些心灵垃圾。

第三节 爱情中需要保持的理性

爱情的魔力会让人头晕目眩、心醉神迷、愉悦幸福，这只是爱情的感性方面。缺失了理性的爱情注定会带来坎坷，只有感性与理性并存的爱情，才能够长久地给两个人带来幸福与安宁。教会孩子在感性的爱情中保有理性，能够帮助孩子提升爱情能力。在善解童贞孩子课堂里，我要让孩子们学会保持爱情的理性，从以下几个方面来审视自己的爱情。

1.彼此是否真心相爱

当我们开始付出一段情感的时候，要审视自己对对方的情感是否真挚，询问自己的内心：“我对Ta的爱情是否是发自内心深处？Ta是不是让我内心产生情感悸动的那一个人？”如果答案是肯定的，那么，我便无怨无悔地去爱Ta；如果答案是“不清楚”，那么，我需要认真审视我的情感，再做决定；如果答案是否定的，那么，请将自己的决定告诉对方——我不爱你，然后结束这段情感纠葛。

在为所爱的人付出情感的过程中，也要审视对方是否真心爱自己，如果发现对方不是真心爱自己，也要果断地结束这份情感。

有一对恋爱中的大学生，女孩先喜欢上男孩，用实际行动追求着男孩。她每天为男孩买一日三餐，还要送到男孩的手里，经常为男孩花钱买东西。男孩与朋友打牌喝酒的时候，如果需要零食会立即给女孩打电话，女孩会毫不迟疑地买好零食送去，不时还会被男孩责备买的东西不好，或者等待的时间太长。男孩很少为女孩付出，甚至在女孩生病后都不去关心和照顾她。两年过去了，女孩终于发现自己的付出并没有换来男孩的爱，对男孩提出了分手。分手几个月后，男孩找到女孩，希望能够复合关系，女孩坚决拒绝了男孩的请求。

在这段关系中，女孩对男孩的情感是真挚的，但男孩对女孩并没有产生爱情，只是对女孩的一种需要，他不是爱女孩这个人，而是需要女孩对他的不断付出。如果女孩与男孩交往半年之后，认真审视男孩对自己的情感是否真挚，做出正确判断之后，果断离开男孩，就不会被这段情感牵绊两年的时间。

有一对在网上相遇的人开始了谈情说爱，男孩大学毕业后在北京一家机构工作，女孩为男孩放弃了在家乡的工作，来到北京与男孩相聚。女孩来北京后，男孩帮女孩租住的房子离男孩工作和居住的地方很远，长期与女孩不见面，而且借口工作忙，常常不接女孩的电话，也不将女孩介绍给自己的同事和朋友。后来，女孩发现男孩有了外遇，却不愿意相信男孩不喜欢她，企图挽回男孩的爱。当然，我们都清楚，不爱就是不爱，挽回是无效的，不如放弃。最后女孩重新开始寻找真正爱自己的人。

2.爱彼此，还是爱彼此的身外之物

当决定要与某人发展爱情关系的时候，需要审视自己爱的目标是什么，是爱这个人，还是爱上了Ta的其他——家庭背景、财富、地位等；同样，也要审视对方在这份情感中的目标。在爱情中考虑彼此的家庭背景、财富和地位，这无可非议，但这些只是彼此的附加条件，不能够将附加条件作为主要条件。如果不爱这个人，但因为Ta的附加条件好，便与之谈情说爱，这是对自己情感的不忠诚，也是对对方情感的不忠诚；如果我们真爱这个人，Ta的附加条件也很好，这是皆大欢喜的事情。

在我们的文化下，人们更容易根据附加条件来做恋爱和婚姻的决定，寻找经济条件和家庭地位更好的人作为结婚对象，以保障自己未来的物质生活安全。如果在以物质为前提的谈婚论嫁中，双方产生了爱情，并理性地审视过自己的爱情，自然而然地走入婚姻，这是两全其美之事；如果在以物质为前提的条件下，双方来不及产生爱情或者来不及审视自己的爱情而匆忙结婚，这是对自己不负责任的做法。

3.彼此是否保持着尊严和界限

爱、关怀、尊重、尊严感、界限感是一份爱情中必不可少的营养素，我们需要审视爱情中是否还保持着这些营养素。

在一所国际高中，有一对学生情侣，男孩上课的时候经常迟到。国际学校里的课程与传统学校的课程设置得不一样，一个班级的孩子在同一个时间，可以上不同的课程。每次上课前，这个男孩都要帮女孩抱着上课用的书籍，将女孩送到上课的教室里，把书放到书桌上后才直奔自己上课的教室。这个过程直接导致了男孩的迟到。另外，男孩经常帮着女孩拎包，就像女孩的跟班。

女孩四肢健全，完全可以做自己力所能及的事情，自己抱着书去到上课的教室，即使男孩愿意，也不应该让男孩来帮忙，以保证男孩的学业正常进行，不要迟到。在这份爱情中，女孩没有体现出对男孩的关怀和体谅，只满足了自己对“奴仆”的需要，这是一种自私。

爱情中的男孩和女孩，首先应当安排好自己的学习和生活，然后，当一方需要照顾和帮助的时候，另一方义不容辞，这是爱情中应该坚守的界限。案例中的男孩在没有安排好自己上课时间的情况下，每天纵容女孩的自私，放弃了自己应该有的界限。这种纵容不是无私，而是一种幼稚，让自己在情感中失去了尊严感。

爱情中的任何一方都不可以以放弃尊严和界限来获得爱情，否则，这份爱情就存在精神的不平等。健康爱情关系的基础是两个人都保持自己的尊严和界限，这是精神独立和自主的前提。当双方意见不同时，双方的妥协和坚持都是必要的，只要妥协的底线没有触及双方的尊严和界限，就是可以被接受的。

有一对热恋中的年轻人，每次男孩没有满足女孩的心愿，就会被女孩要求下跪认错。一次，两人与朋友一起在餐馆里吃饭，因为一件事情的意见不一致，女孩大发脾气，要求男孩下跪，男孩在朋友面前拒绝了女孩的蛮横要求。回到家里后，男孩立即给女孩下跪，求女孩原谅自己。男孩的妥协方式就是放弃了自己的人格尊严，是不可取的。

4.双方要清楚地表达对彼此的了解

当两个相爱的人刚入爱情之门时，或许双方的了解还不够深入。随着接触的增加，彼此会增进了解。一段时间后，彼此应该认真地思考："我爱的这个人是一个怎样的人？"并要用清晰的语言说出对对方的了解，因为清晰的语言表达是认真思考的结果。

在思考中，彼此对对方的认可之处和不认可之处都要思考清楚，特别是对不认可之处要认真思考，看不认可之处是不是触碰了彼此的底线。比如：Ta有吸毒的行为或者经常与吸毒的人在一起，这是我不认可之处，是否触碰了我的底线；Ta在与我谈恋爱的时候，同时也与其他人暧昧，这是我不认可之处，是否碰触了我的底线；Ta不爱卫生，经常不洗衣服，这是我不认可之处，是否触碰我的底线……将思考清晰地表达出来，才能够决定彼此是否应该继续这段情感。

在自己整理对Ta的了解之时，最好也让Ta对我同样进行一次整理和思考，双方认真清晰的思考有助于这段情感的健康发展。如果双方都认为对方是自己的理想中人，那么，这段情感的继续是不盲目的；如果任意一方发现对方并非自己的理想中人，及时结束这段情感才是对双方负责任的做法。

5.我们是否愿意为对方付出

一对刚毕业不久的大学生，两人认识不久便确立了恋爱关系，一起到大连寻找自己的生活之路。男孩选择了与朋友一起创业，女孩找了一份工作。一段时间之后，两人发生了矛盾。女孩认为男孩不关心不陪伴自己，每天都忙于工作；男孩认为女孩不体谅自己，创业时期非常辛苦，常常没有时间吃饭，衣服也没有时间洗，与创业伙伴租住的房间也没有人打扫，辛苦一天回到脏乱的出租屋里，只能够吃上一盒泡面。他们都在述说对方的不是，却没有思考过：我是否为对方做过什么？

在我们的养育文化中，父母愿意为子女付出一切，独生子女的成长让一个孩子面对四个老人和父母的共同付出，孩子从小受到的熏陶是"别人为我付出是应该的"，他们养成的是只懂得索取和等待别人的付出的品格。现在，孩子长大恋爱，两个都在等待别人付出的人，自然缺失了为别人付出的思维，当他们的处境从心安理得地接受父母付出变成要为所爱的恋人付出时，他们不知道该怎么做，自然会产生矛盾。要维系好一段恋情，没有为对方付出的品格，这段恋情必然会遭受坎坷。

6.彼此的价值观、人生观、世界观是否一致

价值观是一个人对事物的价值判断。比如：对于考试作弊的行为，有的人认为这是一个人的道德品质问题，是不诚信的行为，不可为之，这是对作弊行为的一种价值取向。另一种人认为这是一个社会现象，别人作弊获益了，我也可以作弊获益，这是对作弊行为的另一种价值取向。一个人对事物的价值判断和取向，源自这个人的成长环境以及父母为孩子建构的价值判断标准。

人生观是一个人对自己生命价值存在的观点。一些人认为自己要为社会做出

力所能及的贡献，生命才是有价值的；一些人认为自己过好自己的日子，生命就是有价值的。每个人的人生观各有不同，只要无害于社会，就无大碍。孩子人生观的建构也是来自父母，父母的人生观直接影响着孩子的人生观。

世界观是一个人对世界的看法。一些人的世界观消极，认为这个世界是糟糕的，对世界悲观失望；一些人的世界观积极乐观，既能够看到世界积极的一面，也能够理性地对待消极的一面。孩子的世界观来自父母的影响。

价值观、人生观和世界观是一个人家庭教养的结果，夫妻的三观是营造家庭文化的重要根基，也是孩子三观形成的重要影响因素。当两个家庭的教养智慧相当时，来自两个家庭的孩子在三观上会有更多的相似之处，三观基本一致的两个人会有更多的共同语言，恋爱或结婚后在很多问题上更容易达成一致。这就是我们说的“门当户对”。在未来的婚姻生活中，三观相去甚远的两个人，共同语言自然会少很多，而且会产生更多的冲突。

第四节 早练的规则

权利与责任永远是一对“双胞胎”，在我们有权利享有爱情的同时，我们也有责任遵守爱情中的规则，保证爱情能够健康地发展。在善解童贞孩子课堂里，我会与孩子们一起交流爱情的规则。

规则一：诚实地对待爱情

爱情是相爱的两个人共同经营的一段情感，在这个过程中，双方都要诚实地对待自己的情感。如果双方都为对方心动，这份情感的继续才是忠于自己、也忠于对方，这就是诚实的爱情。如果其中一方并没有对对方心动，但迫于各种需要和压力与对方保持恋爱关系，这是对自己情感的欺骗，也是对对方的欺骗，这样的行为是对双方的情感都不诚实的表现。

在恋爱关系进行的过程中，如果一方不再爱对方，就应该将自己的感受告诉对方，与对方和平地分手，这是对情感诚实的表现。如果自己不再爱对方而顾及其他，让这段情感蒙上了不诚实的污点，这样的交往对自己和他人都是不负责任的行为。当对方不再爱自己的时候，不要强求对方的情感，强求而来的情感不是真爱。

这是一位初二学生给我的来信：

胡老师您好！我有喜欢的女孩，也有女孩喜欢我，可是我却很回避。记得以前有女生说喜欢我时，我都是不理那个女生，或用很婉转的语气拒绝她们，可还是怕太打击那个女生。我想问一下，当一个异性向你表示对你有爱意，可你并不喜欢这位异性时，你想拒绝她，如果这位异性心理素质很低，是受不得打击的那种人，有可能你再怎么婉言拒绝都会使这位异性有轻生的想法，你该怎么办？

我的回信：

你好！当你遇到这样的女孩时，你要明确告诉她你不接受与她建立恋人关系，让她很清楚你们的情感是友情而不是恋情，女孩会慢慢接受这样的现实。记住，无论如何不要因为对方以轻生来要挟你的情感，你就背叛自己的情感，不可以以怜悯来代替爱情。明明不爱却要装作去爱，这是不忠于自己的行为，也是对对方的情感不负责任的表现。

规则二：恋爱是成长的动力而非阻力

当双方因为相爱而享受爱情的甜蜜时，不要忘记自己生命的方向，更不可以将自己的未来寄托在对方身上，不可以企盼对方对自己的未来负责任。保持这样的独立自主状态，在爱情中才不会迷失。如果享受爱情之时将自己依附于对方，放弃学业和自己曾经为之奋斗的目标，这样的爱情会结下苦果。

爱情能够让相爱的两个人变得更完美，要将爱情作为自己上进的动力。泰国电影《初恋这件小事》讲述了一个初中女孩爱上一个同校男孩的故事。男孩长相俊逸，心地善良，深得学校女生们的喜爱，电影中的女主角也爱上了这个男孩。但是，女孩却不敢向男孩表白，因为她认为自己不完美：皮肤黑、不优秀、不出众。为了让自己能够配得上男孩，女孩开始了一系列的改变。在容貌上她比以前爱美了，甚至开始做面膜来美白自己的皮肤；不愿意抛头露面的她报名参加了学校的戏剧社，还担任了戏剧中的主角，尽管表演水平不佳，但她还是突破了自己，敢于站上舞台表演了；从来不喜欢体育活动的她，报名参加了做运动会列队指挥的训练，开始苦练如何运用指挥棒表演，在别人都不能够坚持的情况下，她依然坚持了下来；最后，她凭借出众的指挥棒表演，赢得了学校运动会列队指挥这个光荣的角色……3年过去了，当女孩认为自己已经变得优秀之后，主动向男孩表白了。在这个故事中，我们看到爱情有一种正能量，让陷入爱情中的青春期孩子变得更优秀。

规则三：分配好自己的时间

我们的生活中不仅仅只有相爱的那个人，我们还有家人、朋友、同学，他们也需要得到与你相处的机会和时间。在你的个人发展上，你需要花时间完成自己的学业，如何分配和管理好这些时间，是我们在爱情中需要学习的。

要学会合理安排和使用自己的时间。比如，安排给学业的时间，就认真写作业，认真听课；安排给家人的时间，就全心全意地陪伴家人；安排给爱情的时间，就尽情享受爱情；安排给朋友的时间，就享受友情。将自己的安排趋于一种平衡状态，你的生活就不会因为爱情的进入而混乱不堪。如果将大量时间都给予了爱情，那么，你的生活会因此失去平衡和掌控。在经历爱情的时候，学会分配好自己的时间和精力，这是一种能力的培养过程。

规则四：不可以恶意伤害对方，不可以用伤害自己的方式来要挟对方

恋爱的双方要相互尊重和爱护，不可以有任何故意伤害对方的行为。比如：将对方写给自己的情书公之于众，或者给自己的朋友看；将对方对自己说的情话

告诉第三人；对第三人说有损于对方的话语等。

如果恋爱中有一方提出分手，被分手一方不可以故意伤害对方的身体，也不可以做有损对方名誉的事情。如果一方觉得爱情已经逝去，提出分手，被分手一方要尊重对方的决定。虽然可能会感觉痛苦万分，但我们必须明白，这是对这份情感负责任的做法。很多时候，被分手的一方总会将自己作为受害者，做出伤害对方身体和名誉的事情，这是不明智的。无论对方以何种理由提出分手，都是不再相爱的表现，此时，放手是最明智的做法。

规则五：未成年人不可以发生性行为

担心孩子在恋情中发生性行为，成为父母和教师阻止孩子爱情早练的首要理由，如何在尊重孩子爱情的前提下，让孩子拥有控制自己性冲动的能力？在善解童贞孩子课堂中，这是非常重要的一个内容。我始终认为，与其担心孩子发生性行为而阻碍孩子进行爱情的早练，不如给孩子讲清楚性行为的后果，让孩子能够对自己的行为进行判断和负起责任。在我的课堂里，我会告诉孩子们以下内容：

未成年人无法独立承担发生性行为的后果，所以，我们可以享有青春期的爱情，但是，在未成年之前不可以发生性行为（生殖器接触）。这是爱情中不可以越过的底线，这个行为关系着两个孩子的生理和心理的健康发展。

在爱情中，我们可以有表达爱的身体接触，比如亲吻、拥抱、牵手；要尽量在公共场所相处，比如一起看电影、到图书馆看书、逛街等，在公共场所里能够更好地控制自己的行为；由于青春期的孩子控制性冲动的能力还没有发展成熟，恋人不要在私密的房间里长时间待在一起，私密空间可能让我们失去控制能力而发生性行为。

性行为会给未成年人带来生理和心理的双重伤害，这些伤害有：

◆可能会怀孕

怀孕和堕胎都会给未成年人尚未发育成熟的生殖系统带来损伤，这种损伤可能会导致成年后不能生育。

◆可能被传染上性病或艾滋病

曾经看到一篇文章，文章介绍了日本一些青年在确定恋爱关系的时候，要出示双方在正规医院的健康体检表，包括艾滋病等传染性疾病的检查，这是对双方负责任的行为。恋爱中的两个人避免不了身体的亲密接触，如果不了解对方身体的健康状况，就可能会被传染上疾病。

在善解童贞孩子课堂里，虽然部分孩子还没有进入恋情阶段，一些有恋情的孩子也没有身体接触，但是，我还是会将日本青年的经验介绍给孩子们，希望在他们的内心中建构起自我保护意识，一旦将来与他人有身体上的亲密接触时，就会想到我曾经给予他们的提醒，做好自我保护工作。因此，我会在课堂里告诉孩子们以下两点：

第一，如果在不了解对方身体健康的状况下与对方发生了性行为，有可能被传染上性病或者艾滋病，这会给你的健康带来极大的伤害。由此，你们在确定恋爱关系时，双方都应该出示健康体检证明，在体检证明中要特别检查性传播疾病和艾滋病，这是对彼此负责任的做法。否则，等关系已经有了进展，到了谈婚论嫁的时候，才知道对方的身体状况，那个时候再做选择会有很多牵绊了。

第二，在双方出示健康体检证明后，如果一方患有性传播疾病或者艾滋病，但是另一方可以接受，并愿意帮助对方一起治疗，那么，这是值得尊重的行为；如果另一方不愿意接受，选择不建立恋爱关系，这也是值得尊重的行为。因为，每个人都有权利做出自己的选择，健康的一方不要因为没有选择与对方建立恋爱关系而自责。

课堂里有孩子提出：“如果对方有艾滋病就被拒绝建立恋爱关系，这不是有歧视吗？”我的回应是：“将自己真实的健康状况告知对方，双方都有权利决定是否选择对方，双方的权利对等，所以这不是歧视，而是尊重对方的选择权。”

◆给你的生命带来阴影

未成年人如果发生性行为，内心将产生压力与困惑，如果出现了身体的伤害，比如怀孕，或被传染上性病、艾滋病等，这些压力会让未成年人难以承受。性行为带来的不良后果会折磨着你的心灵，也折磨着爱你的父母，甚至给你未来的婚姻幸福带来阴影。

◆让恋爱双方更快地结束这段爱情关系

在我接触到的一些中学生中，孩子们告诉我，每当要毕业的时候，孩子们面临着进入不同的高中，有些恋人就会发生性关系，以此来保住爱情，这是非常不明智的做法。爱情中的任何一方都不要认为性行为会保证爱情天长地久，不要将性行为作为爱情的砝码，不可以将性行为作为爱情关系续存的要挟，这样的砝码和要挟已经使爱情失去了本来的美丽和快乐。

这是一位中学生给我的来信：

胡老师，您好！您说两个人在恋爱时有了性行为，使女生怀孕，这的确是不负责任的做法。但若在发生性行为前使用了避孕套的话，就不会怀孕了。使用了避孕套就是对女孩负责任了吗？

我的回复：

你好！未成年人在不成熟的情感中就发生性行为，无论是否怀孕，男孩是否使用避孕套，性行为本身就是对自己和对方不负责任的表现。

很多父母有一个错误认识，认为如果我们告诉了孩子性行为的后果，孩子就会尝试着发生性行为。当然，这是一个侮辱孩子智商的推论。当孩子知道了性行为的后果，在性冲动时起码能够做到三思而后行，这就是孩子发展控制性冲动能力的过程。当然，教育不是万能的，受教育者中总有人不会约束自己的冲动和行为。就像我们教育孩子“不要随地吐痰”，总有一部分人长大了还是要随地吐痰。但如果我们不对孩子进行爱情规则的教育，孩子就完全不知道发生性行为的后果。无知者无畏，那么孩子就必然不会约束性冲动了。

第五节 青春期的同性亲密关系

很多父母和教师不理解青春期孩子的同性亲密关系，面对同性孩子在教室里热吻不知道该如何处理。同时，中学生对自己与同性的亲密关系也难以理解，为此困惑。在这个章节中我们将详细讲解这个问题。

1.青春期为什么会出现同性亲密关系

青春早期的性心理发展中，存在与同性亲密关系的阶段，表现为对同性有性幻想或者与同性有身体亲密接触行为。在这个阶段中，你或许会有一个关系特别亲密的同性朋友，情感上相互依恋，身体有亲密接触——拥抱、亲吻，甚至抚摸性器官，获得性感受。同性亲密关系能够满足青春期孩子情感和性的需求，这个阶段也称为同性性行为阶段，而非同性恋。

同性亲密关系的心理发展基础是：进入青春期后，在发展与异性的亲密关系之前，一部分青春期的孩子缺乏与异性发展亲密关系的技能，于是，他们会无意识地与一位同性发展出亲密关系，为发展自己与异性的亲密关系进行前期练习和准备，这是同性亲密关系的积极意义。一旦准备好与异性发展亲密关系之后，这种关系会自然解除，他们会带着经验积极发展与异性的亲密关系。这是青春期孩子亲密关系发展中的一个过程，如果孩子的情感发展没有受到阻碍，这个过程大致要经历一年的时间。当然，并非每一个孩子都会经历同性亲密关系的过程，一些孩子不会经历同性亲密关系的过程，而直接发展与异性的亲密关系。

有些时候，青春期孩子会将同性父母作为练习对象，经历同性亲密关系的过程。我们来看这样一个案例：

女儿11岁，最近一年跟我很亲近，有时候会不自觉地与我有一些脸贴脸、嘴对嘴的动作，前几年没有这样的动作。我不知道她这是不是处于青春发育期的一些行为表现，有时候黏糊得我都受不了，不知道该如何引导她。

2.“异常”的同性亲密关系

在我们的文化下，孩子在青春期与异性的交往受到了学校和家庭的围追堵截，孩子情感的正常发展过程受到阻碍，由此会导致孩子发展出异常的同性亲密关系。比如，孩子本来经过短暂的同性亲密关系之后，情感发展会进入与异性发展亲密关系的阶段，此时，环境的阻挠让孩子无法发展异性亲密关系，于是继续保持这段同性亲密关系。孩子错失了与异性发展亲密关系的时机，已经适应了同性亲密关系中的情感模式和性活动模式，就有发展成为同性恋的可能。

对于一些处于同性亲密关系阶段的孩子，他们会在教室或者学校公共空间进行一些亲密的行为，比如拥抱、接吻等。在我们的文化下，这些孩子的行为不会受到教师或者家长更多的干预，因为教师和家长更多关注的是孩子与异性的接触。这样的文化让孩子感觉到与同性保持亲密关系非常安全，便会将同性亲密关系继续下去。

另外，有一部分青春期孩子在与异性交往中受到过伤害，害怕与异性发展亲密关系，转而寻求与同性的亲密关系。我们来看这样一个案例：

一个16岁的女孩与同学发生性关系后怀孕，自己悄悄到医院做了人工流产手术，后来被她的好朋友出卖，事情被告到了学校。学校最终让女孩的父母选择：1.离开学校；2.保留学籍但要将事情在全校公开。母亲跪求校长让孩子继续学业并维护孩子的自尊，孩子还有一年就要参加高考。但校长没有答应，女孩坚决离开了学校。辍学后女孩失去了考大学的机会，混迹于社会。几年之后，女孩加入了一个同性恋的群体，她告诉我她不敢再与异性接触。女孩母亲从她的行为中怀疑女儿是同性恋，于是带她到处求医问药，买了很多中药给女儿吃，希望女儿进入正常的生活轨迹，但女孩拒绝吃药。

我知道，女孩很难再回到正常生活的轨迹上来了，她内心的创伤如果得不到修复，将成为她一生的梦魇。如果当时学校懂得保护孩子的尊严，把女孩的“错误”作为教机，让女孩顺利完成学业，或许，女孩的人生会完全不同。

3.为什么要对孩子讲解同性亲密关系

我到一所小学给六年级孩子上课，一个12岁的女孩下课后与我聊天，问我知不知道同性恋网站，她还告诉我很多小学生都知道这样的网站，网站上有大量关于同性恋的漫画和小说，有的同学甚至注册成为这些同性恋网站的会员。这些孩子认为同性恋是一件很时髦的事情，于是纷纷效仿。

我到一所中学为初中二年级的孩子们讲课，当我让学生用工作纸写出他们的困惑和烦恼时，一部分孩子涉及的话题是同性亲密行为的话题。我们来看看这些孩子的困惑：

“老师，我的同桌是个女生，她每天都与另一个女生亲热、拥抱、接吻，我的眼睛都受不了啦……甚至，我也开始怀疑我的性取向了。”

“老师，我们班的女生喜欢男男同性恋，这正常吗？”

“我是同性恋怎么办？”

“同性恋对两性之间的友情发展有影响吗？”

“为什么有些青少年存在同性恋、双性恋？”

这些孩子的年龄在14岁左右，我来到班级里的时候，孩子们最兴奋的话题就是同性间的亲密关系。孩子们告诉我班级里有好几对同性恋，他们进行亲密行为的时候都不回避同学，在教室里就接吻、拥抱，显得很亲密的样子。

自己为什么喜欢同性，自己喜欢同性是不是一定会成为同性恋，这些问题也困扰着正在经历同性亲密关系的孩子。由于青春期性教育的缺失，孩子们并不了解青春期同性亲密关系这一发展阶段，于是就给自己贴上了同性恋的标签。所以，在课堂里为孩子们讲清楚这个知识点，让孩子们认识到自己的心理发展历程，是很有必要的。

受社会文化的影响，一些孩子在同性亲密关系中认为自己的情感和行为是“变态”，于是陷入对“同性恋”的恐惧和自责中不能够自拔；还有的孩子不理解同性亲密关系只是异性亲密关系的前期阶段，对同性朋友的移情别恋反复纠缠，使自己的情感发展陷入了危机。

我们来看男孩A的故事：

男孩A，初中三年级的时候与同班男孩B有了亲密关系，在同学眼里他们是最要好的朋友。A对B的情感日渐深厚，他们发生了几次亲密的性接触。A认为自己是同性恋，接受了自己与B的同性性关系。这样的关系持续了大约一年后，B渐渐疏远了A，与班里的一个女孩建立了恋爱关系，B的“移情别恋”让A陷入了极大的痛苦中，他认为自己被抛弃了。

A和B都以优异的成绩升入了重点高中，A希望与B继续保持他们之前的关系，但B拒绝了。A在高中的学习生活就在这样的情感挣扎中度过了，他的学习成绩因此受到了极大的影响，高中毕业时没能考上大学。父母将A送到一所住宿制学校复读，A进入学校后一个月便失踪了。两周后A在一家小旅馆中自杀，幸亏被旅馆工作人员及时发现，送到医院进行救治，才保住了性命。后来A又有两次失踪并试图自杀，终被挽救。复读的第一年就在这样反复的失踪和自杀中度过。

后来，A不再求学了，主动来到精神病医院要求住院治疗，目前仍然住在精神病院里，每天过得很平静。A说没有人能够治好他的病，但他不会离开精神病院。

其实，A没有精神病，他只是不知道该如何让自己走出困境，试图用“精神病”来逃避自己的痛苦。如果A懂得自己与B的关系仅仅是青春早期性发展的一个过程而已，他就会理解B为什么离开他而喜欢上女孩，就不会陷入被抛弃的痛苦中不能够自拔。当我经历了这个案例之后，我便将青春期同性亲密关系加入了善解童贞孩子课堂内容，希望A的悲剧不再发生在其他孩子身上。

4.如何对孩子讲解同性亲密关系

这是一次为初中一年级孩子讲解孩子爱情的课堂，这些孩子的年龄在13岁左右。在我们讨论到青春期同性性行为这个话题时，课件上这个题目一出现，立即有个男孩说："我知道我们班的陈某某就是喜欢同性，真的，他自己告诉我的。"课堂里没有听清楚姓名的孩子兴奋地问："是哪一个？哪一个喜欢同性？"男孩脱口而出那个名字，我立即阻止了他："不可以再说这个孩子的事情了，这是他的隐私，他信任你，把他的秘密告诉了你，你一定不可以再谈及这件事情！"

我没有想到课堂情况会如此发展，我很严肃地告诉所有同学："刚才这件事，我们每一个人都有责任为他保密，这是对那个同学的尊重，也是对我们自己的尊重，这件事情到此为止，不可以外传，大家能够做到吗？""能做到！"之后，课堂氛围转向轻松。孩子们没有继续打听，但课堂里有一种亢奋的情绪，我感觉到孩子们有很多积压的话语和情绪需要表达。

上面一个话题刚结束，孩子们就笑着指向了在座的一个男孩和女孩，告诉我这位男孩和女孩都喜欢同性。我担心这两个孩子受不了，准备随时控制课堂，没有想到，这两个孩子很坦然。男孩说："我就是喜欢男性，不喜欢女性。"看到男孩如此坦率，孩子们也放松了："老师，他喜欢很强壮的那种男人。"男孩却认真地辩解说："我不喜欢那种太强壮的，我喜欢有点肌肉的男性。"大家都笑了。此时，一个孩子指着喜欢同性的女孩说："老师，她也喜欢同性，她们还亲吻。"我问："你看到她们亲吻了？在哪儿看到的呢？""在教室里，她们在教室里也会有亲密动作。"我看着这个女孩，心想如果她感觉有压力我就立即调整课堂。只见她一直捂着嘴在笑，我没有说话，想给她申辩的机会。笑了一会儿，她很坦然地笑着说："我是喜欢女孩，我们也有在教室里亲吻。但我亲吻的是她的脸，没有亲嘴啊！"看她没有任何压力，我回应道："在青春早期，喜欢一个同性，或者与同性有一些亲密的行为，这是可以的，但这些亲密的行为不可以在公共场所，不可以在教室里，这是原则。一般来说，青春期早期对同性的喜欢是青春期心理发展的一个过程，当这个过程结束之后，你们就会去选择一个异性，与一个异性相爱。”女孩回应道：“我知道了，老师。”我希望孩子们能够明白，他们的感情理应得到尊重，但他们的行为应该有一个原则。

在这节课堂里，我为孩子们讲解了同性亲密关系相关的问题。孩子们需要了解到以下几点：

◆讲解同性亲密关系的心理发展基础，让孩子明白同性亲密关系阶段是为了与异性发展亲密关系进行的前期准备。

◆讲解同性亲密关系的规则——不要在公共场所进行亲密的行为。

◆已经进入同性亲密关系发展阶段的孩子，不要轻易认定自己是同性恋，等成年之后再来判断自己的性取向。

◆理解同性恋是人类爱情行为的一个类别，不是一种异常行为，同性恋与异性恋一样，也会遇到很多问题：失恋、分手，来自同伴、家长和社会的压力。

◆如果将来自己真的是同性恋或者双性恋，不必惊慌、内疚和自责，当感觉困惑或者有压力的时候，可以寻求心理医生的帮助。

我们来看两个案例。

这是一位妈妈给我的来信：

女儿12岁，今年小学六年级毕业。最近发现了孩子拿避孕套，往里面塞满卫生纸，做了个东西。我心里比较震惊。她喜欢男生装扮，又非常喜欢一名女生。我无意中看她写过的小说，小说中她把自己化成男主角，那个女生变成女主角。我一直很担心她的性取向，又不敢和她明说，真不知道该怎么办了。

女孩在同性亲密关系中将自己以男性角色自居，母亲担心女儿的性取向是很自然的。但是，目前尚不能够判断这个女孩的性取向。

这是一位初中孩子给我的来信：

胡老师：您好！最近一段时间班里的气氛十分紧张，许多同学都开始相互产生好感，老师无法禁止，而且将其当作一件可耻的事，因此使事情变得非常严重，闹得人心惶惶，大家都无法安静下来学习。对此我希望你能够多多来到我们班，对我们一些同学进行开导，也为一些古板的老师上上课。

我对男生不感冒，见到男生也不会像正常女生那样脸红，对喜欢我的男生我会感到很恶心，无论他长相、成绩如何。我偶尔觉得女生也挺不错的，差点被以为是拉拉……而且班里许多同学都有这种性取向方面的困惑。我们班不论男女都有同一个爱好——喜欢耽美（男同性恋）漫画！需要制止吗？

我的回复：

你好！目前，你的爱情心理还没有发展到对异性感兴趣的阶段，班里的大多数孩子都与你一样，处于相同的爱情心理发展阶段。在这当下的心理阶段，你们或许会对同性有好感，这是一个心理过程——同性亲密关系阶段，这不是同性恋。度过同性亲密关系阶段之后，你们就会对异性产生兴趣了。每个人只有遇到了自己情有独钟的那个异性，才会使心中的爱恋之情萌动。或许，那些向你表白的男孩并非你心仪的异性，所以，你对他们不感兴趣。至于大家对男同性恋漫画感兴趣的情况，我觉得这是大家的一种好奇心，这种好奇心被满足后，大家自然就不会再感兴趣了。

第六节 失恋

有一个高中男生来到我的咨询室，他因为近期失恋，情绪波动，对前女友提出分手一事耿耿于怀，愤愤不平地向我诉说。

男孩：“胡老师，我觉得我太吃亏了！谈恋爱也有两年的时间了，我们都付出了很多，凭什么她说分手就分手啊？我有一种想报复的心理，也知道不对，但就是想报复！”

我：“失恋的确是一件让人痛苦的事，和我说说你怎么吃亏了？”

男孩：“在我们关系好的时候，我请她吃饭，还给她买很贵重的礼物。现在，她提出分手，我觉得我在金钱上吃亏了，划不来啊！”

我：“在这一次恋爱中你请女友吃饭，给女友送礼物，结果现在这段恋情结束了，你不可能找她还钱，或者让她把礼物还给你，所以觉得自己在金钱上吃了亏，为女友花掉的钱打了水漂。既然你认识到了这一点，那么等你再次恋爱的时候，你就首先跟女孩讲清楚，你们恋爱期间所有的共同花销要AA制。这样一来，就算你再次失恋，也不会感觉在经济上吃了亏。这是这次恋情带给你的一个经验，获得这个经验也是这段恋情的收获啊！”

男孩：“那怎么可以AA制啊？！让女孩出钱吃饭，我们男人没有面子啊！”

我：“我明白了，原来你花钱请女友吃饭，为自己争得了面子，付钱带给你的感觉是愉悦和豪气，还有面子，现在你还觉得你花钱仅仅是请女孩吃饭吗？”

男孩：“好吧，花钱也是我自己愿意的，不算亏。但是，谈恋爱的时候我也花了时间啊，现在她提出分手，那些谈恋爱的时间不是白白浪费了吗？！”

我：“每次约会时，女孩会与你在一起吗？”

男孩：“是啊，不然怎么叫约会呢？”

我：“既然女孩与你在一起，她在这段时间里陪着你，她也花了时间啊。而且，在这个时间里，你们一起享受着爱情带来的幸福和快乐，这种感受你曾经因为花这个时间而获得，怎么能够说这个时间白花了呢？”

男孩笑了起来：“按你这样说，也是这个理啊。”

我：“你要感谢给你带来爱情又让你失恋的女孩。因为她，你感受到了从未有过的快乐和幸福，在你们相爱的日子里，你体验了爱情的幸福、甜蜜、期待、被关怀、被照顾、爱与被爱的感觉。现在，因为失恋，你又体会到了孤独、无助、痛苦、寂寞、忧伤、失落……因为有了这段恋情，你的情感才能够如此丰富，这样的丰富让你变得成熟，然后你会变得坚强。没有这个女孩与你共同走过这一段生命，你的生命也不会有这么丰富的情感体验，这可是你的情感财富啊，她值得你真心感谢！”

男孩解开了心结，愉快地离开了。

失去一段恋情是一件让人痛苦的事，无论提出分手的一方还是被分手的一方，对这段恋情都会有留恋，所以会感觉痛苦。当我们失恋的时候，如何去应对失恋后的心理呢？我希望孩子们能够从这样的角度来思考：这个曾经爱过我的人，给予过我幸福，现在Ta离开了这段情感，给我带来了痛苦和忧伤，这段经历让我变得成熟与坚强，我要感谢给予我人生经验的这个人。如果我们从这个角度来引导孩子应对失恋，孩子就会变得智慧，否则，孩子会变得狭隘和自私。一些孩子失恋后，要么举刀相向，要么用硫酸毁掉对方的容貌，这些失去理智的做法，给对方带去了灾难，也给自己带来了痛苦。

一所大学发生了一起因失恋杀人的案件，一个男孩因为失恋，冲入女孩的宿舍，持刀砍杀了宿舍里的四个女孩，两个女孩被杀死，两个女孩被砍成了重伤。在另一起案件中一位年轻的大学教授被学生在课堂上杀死，也是因为学生失恋，而被杀的教授被杀人者认为是夺走自己幸福的第三者。如果孩子能够从感激的角度去对待曾经的恋人，那么就不会有孩子因为失恋而杀死对方；如果孩子懂得失恋也是自己情感发育的正常经历，能够给自己带来丰富的情感体验，就会从正面来理解情感的挫折，而不是因此觉得自己被抛弃，采取极端的自杀行为来伤害自己。

我希望孩子们明白：**爱情的真诚和平等体现在两个人对这段情感有着相同的意愿之上，任何一方如果不再愿意继续这段情感，都有权利和责任提出分手，这是对自己负责任、对这份情感负责任的做法。**不论出于何种原因，当一方想要结束情感关系的时候，另一方都应该尊重对方的决定，这是对自己和对对方的情感负责任的行为。被分手的一方，千万不要在这段必然结束的情感中将自己评判为一个受害者。

一段被结束的爱情给双方带来的积极信息是："我们应对自己负责任，分手就是对这段情感负责任。"如果被分手一方以受害者的形象自居——我被抛弃了，我付出的情感都浪费了……那么，这段情感会给你带来委屈和伤害，这样的负能量会让你沦陷在这段失败的情感中不能自拔。我常告诉孩子们：**能够伤害到你的不是那个提出分手的人，而是你自己。**

在青春期的爱情经历中，失恋是很正常的，没有经历过失恋带来的那份痛楚，爱情的体验就不完整。但是过分沉溺在失恋的悲伤中，则会伤人伤己。用积极的心态面对失恋，从中获取经验，才能在以后的人生中收获最长久的爱情。

第七节
单相思

单相思是指暗恋一位心仪的异性，Ta却并不知道。这是一种美妙而伤感的爱情，当我们对某人日思夜想，我们可以用写日记的方式来倾诉情感，舒缓情感的压力；我们可以寻求心理医生的帮助，将我们的秘密告知心理医生，并得到他们的帮助；如果我们足够信任父母，我们可以将秘密告知父亲或者母亲，他们会用自己的经验来帮助我们走出困惑。总之，当我们感到情感的压力已经影响到了生活和学习，我们就需要寻求外界的帮助。

在给青春期孩子的课堂里，我会告诉孩子们应该如何来对待单相思，为处于单相思情感中的孩子提供具体的建议。

我们来看单相思的两个故事。

案例一：

这是一位初中一年级女孩给我的来信。

胡萍老师，你好！我今年12岁。我大约6岁的时候，喜欢上了一个比我大3岁的哥哥。他去打篮球，我会叫上同学们一起去看，只是为了见他一面。我有个同学也喜欢这个哥哥，我们大家都在争取机会让哥哥喜欢。我那个同学有哥哥的电话号码，经常给他发短信，而哥哥又很耐心地回复。有一天，我给他发了一条很长的短信，内容就是想约他出来打篮球，他只回了我四个字：没有时间！有一次我看到哥哥和另外一个女孩骑单车，我真的好羡慕那个女孩，心里好乱！胡萍老师，我是不是没有机会了？我试过要放弃他，但是做不到，我不知道他是否在乎我。我现在心里很乱，请您帮帮我！

我的回信：

谢谢你对我的信任！我们应该先来理清你的情感是怎样的一种状态：与哥哥作为普通朋友已经不能够满足你对哥哥的情感，你希望与哥哥能够建立恋情的关系。然而，两情相悦才是恋情的根本。当一个男孩爱上一个女孩的时候会非常主动积极地表达自己，或者会敏感地察觉到你的态度并做出相应的反应。你目前处于对哥哥的单相思，残酷一点地说，哥哥没有给你机会，这是很折磨你的一段情感。

即使是单相思，这段情感对于你来说依然值得，这是你成长中可遇不可求的机会，在这段情感中你能够体会到孤独、寂寞、失落、思念、瞬间即逝的幸福感……这些体验能够丰富你的内心世界，让你的情感成熟与坚强！

你可以把自己对这段情感的挣扎写成日记。日记可以成为你宣泄情感的渠道，同时也帮助你看清楚自己的内心，理清楚你的情感，让你慢慢趋于平静。每个人在一定的年龄都会遇到情感的挣扎，这是成长的过程，你会走过这个过程，然后就会长大！需要我的帮助就给我来信，我会一路陪伴你！

案例二：

女儿今年13岁，上初一了，前一段时间，女儿喜欢上了班里的一个男生，单相思的性质。男孩比较活泼，与众多女生关系都不错，女儿的情绪会随着这个男生的一举一动而变化起伏，一定程度上影响了她的心情和学习的专注度。一次，我与女儿谈了青春期与男孩交往要注意的事情，只是没有挑明她的事。我没有否定这个年龄阶段孩子的感情，也说明了男女生之间交往时必须遵守的界限。自那次谈话以后，孩子的情绪似乎好了一些，但我感觉得到她还是会关注那个男生，内心还是会因为这个男生没有专门关注她一个人而感到失落。

有一次我去接她放学，一起听车里的音乐，自然而然就聊起了音乐。然后她问我："为什么所有的歌曲中歌唱爱情题材的歌曲最多？"我说："爱是人类永恒的主题，父母与孩子之间，人与自然之间，兄弟姐妹之间，当然也包括男女之间的爱情。有了爱这个世界才如此温暖。"

但这个回答应该不是她想要的，她听后又问了："这些爱我都知道，但为什么歌唱爱情的歌曲最多呢？而且还是各种各样的，有歌唱一个人暗恋另一个人的，有歌唱两个人相爱时那种甜蜜的，有歌唱失恋以后的心情的……"我不知道该如何回答。

最近一段时间，女儿似乎不那么在意那个男孩了，男孩已经有了固定的喜欢对象，女儿心里有痛苦，她不愿和我直接说，我只能默默陪伴。我应该怎么对待孩子？我希望我的做法既不伤害孩子的感情，又能做到不影响孩子的学习。

女孩似乎在爱情歌曲中找到了描述自己心境的歌曲，与自己的心灵感受产生了共鸣，于是对爱情歌曲产生了兴趣。妈妈可以告诉孩子：**爱情是人类最美好的情感之一，而歌曲是表达人类情感的重要形式，是最能即时打动人的艺术形式之一；爱情会带给人们丰富的情感体验：幸福、爱与被爱、甜蜜、期待、失落、孤独、痛苦、无助……如此多的感受和体验自然需要多种风格和题材的歌曲来表现，那些高品质的爱情歌曲能够丰富我们的精神和情感，可以抒发我们的心意。**对于女儿的单相思，妈妈可以帮女儿找到一些能够表达她心境的歌曲，通过歌曲舒展女儿的内心。

如果女儿不愿意对父母敞开自己的情感世界，父母不要急于进入，耐心陪伴孩子度过这段时光。在这段情感中，女儿没有受到伤害，她的单相思收获了一种痛并快乐的情感体验，她会慢慢走出这段情感。当女儿愿意主动与父母交流这个话题的时候，父母再试着进入孩子的内心世界。

孩子在经历爱情的时候，随着情绪的变化，自然会影响到学业，这是一个过程，当孩子调整好情绪后，孩子会再次将注意力放到学业上来。父母不要着急在这个阶段对孩子强调学业，这会引起孩子的反感；在帮助孩子调整好情绪之后，再慢慢地帮助孩子回到学业上来，两步路，要一步一步走。

这是两封中学生给我的来信，我曾经在这两位学生的班级里讲解了青春期的爱情。从来信中，我们看到了一个孩子内心经历单相思的痛苦与压抑。

来信一：

啊哦呜呜呜……我真的很……怎么说……震惊吧。从小到大没有人告诉过我早恋是这样的。长期以来我都处于一种复杂与纠结的感情中，不知道要怎么面对这些……问题。今天的课真是推翻了我心底根深蒂固的很多观念。

总是觉得，自己好孤单啊。好像没人能理解自己，又会陷入深深的恐惧。不管怎样，选择的权利还是留给我自己，针对自己的情况还是不知道该怎么做。啊……呜……有些事情，压在心里，觉得没人能说，好难承受。

还是不知道……如果等待……大家都等待……那不就等得一切都过去了吗？是应该把爱埋在心里，还是说出来释放一下压力……真的有太多，写不出来，好难受。呜……

还有，胡老师知道BL和GL的事吗？如果在这时喜欢上BL和GL是不是很那啥……

看了来信后，我上网查询，才知道BL是指男男爱情，GL是指女女爱情。与同性恋的不同之处是，这种同性爱情没有性行为，是纯粹的爱情，而同性恋有性行为。

来信二：

听了胡老师的课，感触还是很深，其实也还是很感动，我希望有人认可我的情感，还是希望在仓促的世界中停下来，留下爱过的痕迹，终于发现那一点理解的光芒是那么渺小而绚丽，我珍惜它，感谢它。不管人心怎么复杂，无论时代如何变化，爱情尤其是青春期爱情都是青涩而单纯的。我知道再冷血再冷淡的人心中都有一块柔软的地方，属于那个小小的你，把握它，爱护它。我真心希望世界可以给爱多一些空间，爱那么单纯。

今日听此课，明白以上道理，请问，在我们过去的记忆中敢把爱理解成美好吗？在家长口中，爱那么荒谬可悲可耻，很伤我们的，真的。爱很脆弱啊！希望可以永远走在正确明亮的道路上，无论爱，无论业，作为一个至今单相思的人，我悲剧了。

第八节 预防艾滋病

在本章内容中提及了性行为的后果，其中讲到了艾滋病。从青少年开始进行预防艾滋病的教育，提升全民预防艾滋病的意识，这已经成为全世界的共识。目前，艾滋病已经在普通人群中传播，教育青少年认识艾滋病、学会预防艾滋病是性教育的一个重要内容。

每年的12月1日是世界预防艾滋病宣传日，全国各地的媒体都会对预防艾滋病进行宣传，然而，学校对学生开展艾滋病教育的现状却不容乐观。15年前，我在对小学六年级孩子开展预防艾滋病教育中，对410名学生进行了上课前后的对比调查。在我给孩子们上课前，410名学生中了解艾滋病相关知识的学生仅有6人，在我为孩子们讲解预防艾滋病知识后，全体学生对此知识都已经了解。这说明了对学生开展预防艾滋病课堂，对于提升学生的防范意识是非常有效的方式。

1.课堂讲解的重点内容

什么是艾滋病

艾滋病的全称是获得性免疫缺陷综合征，英文缩写为AIDS。

人体的免疫系统包括皮肤、黏膜、胃酸、血液中的免疫细胞等。皮肤和黏膜是人体的第一道防线，阻止病原体进入人体，胃酸会杀死通过不干净食物进入胃内的病原体，血液中的免疫细胞将与进入人体血液里的病原体斗争……人体的免疫系统就像一个国家的军队，时刻保护身体免受病原体的侵袭。

艾滋病是由人体感染了艾滋病病毒（英文缩写为HIV）引起的。艾滋病病毒进入人体后，会直接破坏人体血液中的免疫细胞，使免疫细胞失去战斗力，不再对进入人体的病原体起到杀灭作用，因而对人体不能起到保护作用，导致人体失去抵抗其他病毒和细菌的能力，人体就会被多种病毒和细菌感染，最终导致死亡。

艾滋病的发病与表现

一个人被艾滋病病毒感染后，就像经历了一次感冒，可能出现发热、咳嗽、头痛、流鼻涕、打喷嚏等症状，这些症状与一般的感冒症状没有什么区别，7~10天后，感冒症状消失，这个人就进入了艾滋病的潜伏期。

处于潜伏期的艾滋病病毒感染者，我们称为艾滋病病毒携带者。这个人的身体内携带了艾滋病病毒，艾滋病病毒存在于这个人的血液、精液（男性）、阴道分泌物和乳汁（女性）里。艾滋病病毒携带者从外表上来看与正常人完全没有区别，他们与正常人一样生活、学习和工作。但是，这个人具有了将艾滋病传播给他人的可能性。

艾滋病的潜伏期为1~10年。当艾滋病发病以后，潜伏期就结束，进入发病期，此时这个发病的艾滋病病人就被称为艾滋病患者。进入发病期后，艾滋病患者身体的免疫系统遭受到艾滋病病毒的破坏，对外来的致病因素失去了抵抗力，于是，身体的各个器官和系统都将受到细菌和病毒的攻击，导致艾滋病患者出现全身多个系统和器官的病变：发热、腹泻、消瘦、肺炎、皮肤癌等病症。

目前，全世界的科学家都在努力工作，研究预防和治疗艾滋病的药物，但是，迄今为止还没有能够彻底治疗艾滋病的药物。艾滋病病毒携带者可以使用一些药物来延长发病时间、减慢病情的发展，但不能完全治好。艾滋病患者发病后，由于没有药物能够治愈，他们在经受1~2年的病痛折磨后，便会走向死亡。

如果想知道自己是否被感染上了艾滋病，可以到医院进行检查。医生抽取你少量的血液，1个小时左右，就可以知道检查结果。做尿液检查、X射线检查或其他检查不能检查出是否感染了艾滋病。

艾滋病的传播途径

艾滋病病毒携带者具有传染性，艾滋病病毒可以通过三条途径传播给他人：

第一条途径是通过性接触传播。如果与身体内带有艾滋病病毒的异性或同性发生性行为，比如，无安全措施保护的生殖器接触，艾滋病病毒就会通过精液或阴道分泌物传染。

第二条途径是经过血液传播。血液传播的方式有以下几种：

输血：将带有艾滋病病毒的血液输入到人体，这个被输血的人将被感染艾滋病病毒。

共用针头静脉吸毒：将毒品用针具注射的方式注入身体内，称为静脉吸毒。如果与感染了艾滋病病毒的人共用一个针头静脉注射吸毒，将会被传染艾滋病病毒。

使用被艾滋病病毒污染的医疗器械：到消毒不严的诊所看病，如拔牙、补牙、输液、注射药物等，或到消毒不严的美容店美容，如文眉、穿耳洞、文身等，都有可能感染艾滋病病毒。

使用被艾滋病病毒污染的用品：用艾滋病患者的牙刷刷牙，用艾滋病人的剃须刀剃胡须，玩被艾滋病病毒感染的注射器，到消毒不严的理发店理发，在这些行为中如果有皮肤破损的情况，容易被传染艾滋病。

第三条途径是母婴传播。妇女感染艾滋病病毒后，如果该妇女怀孕、生孩子、喂奶，都有可能将艾滋病病毒传染给孩子。

预防艾滋病的具体方法

我们可以通过注射疫苗来预防很多传染病，但是，目前全世界的科学家还没有研究出预防艾滋病的疫苗。但只要我们堵住了性传播、血液传播和母婴传播这三种途径，就是最好的预防方式。具体的做法有以下几点：

◆管理好自己的性冲动，不随便与异性发生性关系，更不可以与多个异性随意发生性关系。一生只与自己的配偶保持性关系，这是预防艾滋病最好的方法。

◆在决定自己要与一个异性（或同性）发展性行为的关系之前，双方应该到医院进行艾滋病和其他传染病的检测，在确认对方是否是艾滋病病毒携带者的情况下，再决定自己是否要与对方保持或者发展这段关系，这是对自己和对对方负责任的行为。

◆如果接触到了艾滋病病毒携带者的血液，最好在专业人员的指导下进行处理。

◆远离毒品，不要吸毒，不要静脉吸毒，更不要与其他人共用针头吸毒。毒品不仅会毁掉你的健康，还会毁掉你的一生。

◆不要随便使用他人用过的牙刷、剃须刀、指甲刀；到理发店理发要告诉理发师不要弄破你的皮肤；到消毒措施健全的正规美容店文眉、文身、穿耳洞；到消毒严格的正规诊所治疗牙病。

◆不要轻易接受输血和血液制品，在身体需要使用血液制品时，你有权要求医院出示血液制品的检查报告，以保证进入你身体的血液制品没有被艾滋病病毒或其他传染病病毒污染。

◆对艾滋病患者的个人物品要定期消毒，消毒方法是在水中煮沸30分钟或用一般的消毒剂，这些方式都可以杀灭艾滋病病毒。

◆感染了艾滋病病毒的妇女如果想生一个健康的孩子，可以求助医疗机构，在现代医疗技术的帮助下是可以实现的。

关爱艾滋患者

因为人们对艾滋病缺乏科学的认识，再加上艾滋病目前还无法治愈，所以人们对艾滋病十分恐惧。很多地方的艾滋病病毒携带者在人群中可能会受到歧视，他们熟悉和认识的人断绝了与他们的来往，有的地方甚至出现了不允许他们进当地理发店理发，当地人不卖肉和菜给他们的情况。甚至，他们的孩子也被同伴们拒绝在一起玩耍，一些地方的学校还拒绝艾滋病病毒携带者的孩子入校上学。这样的情况使得一些艾滋病病毒携带者非常孤独痛苦，产生对生命的绝望，极少数的艾滋病病毒携带者便走向极端，杀害歧视他们的人，或者故意把艾滋病病毒传染给别人，以此对歧视他们的人进行报复。

感染了艾滋病病毒的人需要社会的关心与帮助。他们被传染上艾滋病后，内心非常痛苦，他们知道自己的病不能治好，他们恐惧，害怕死亡，害怕面对家人、朋友和邻居的歧视。他们被传染上艾滋病，有的人是因为性行为不检点，有的人是因为到医院使用了带有艾滋病病毒的血液或血液制品，有的孩子在母亲的肚子里就染上了艾滋病……无论他们是怎样被传染的，我们都应该给予他们同情，善待他们，尽自己的力量帮助他们。

当我们的朋友或家人患上了艾滋病，我们应该尽力照顾他们。照顾艾滋病患者的时候，以下的接触方式是不会被传染艾滋病的：与艾滋病病毒携带者握手、拥抱、亲吻、跳舞、游泳、共用坐便器、共用餐具，到医院或家中探望艾滋病患者、与艾滋病患者同住一室。

20世纪80年代末，人们将艾滋病视为一种可怕的疾病，美国的一些艺术家社团发起了红丝带项目——以红丝带默默悼念身边死于艾滋病的同伴，倡导尊重艾滋病病毒携带者和艾滋病患者的人权，推广预防艾滋病的社会公益活动。在一次世界艾滋病大会上，艾滋病病毒携带者和艾滋病患者呼吁人们的理解，一条长长的红丝带被抛向会场上空，支持者们将红丝带剪成小段，并用别针将折叠好的红丝带标志别在胸前。从此，红丝带成为艾滋病防治的象征，它象征着对艾滋病病毒携带者和艾滋病患者的关心和支持，象征着对生命的热爱和对平等的渴望，象征着用心来参与艾滋病防治工作。

目前，许多国家和地区都成立了帮助艾滋病病毒携带者的组织或机构，每年的12月1日是世界艾滋病日，人们在这一天会举办一些活动，帮助更多的人认识艾滋病，学会预防艾滋病的方法，懂得尊重和关怀艾滋病病毒携带者。

2.课堂环节设置

这是我给孩子们讲解预防艾滋病课的大致环节，希望能够给予教师参考。

◆请学生自由发言，或者小组讨论后发言，谈谈对艾滋病的了解。

◆教师用课件讲解艾滋病的临床表现、传播途径、预防方法，课件要尽量用图片展示。

◆放映小视频《预防艾滋病》，大约4分钟。

◆以《成长与性》中的相关案例，引导学生以不歧视的态度对待艾滋病患者和艾滋病病毒携带者。

◆ 游戏。教师准备10张卡片，在其中的3张上做不明显的标记（分别为A1，A2，A3）；请10名志愿者上前随机抽取卡片；请持有卡片的同学任选3位持有卡片的同学握手，然后在卡片上记下他们的名字；教师找出3张有标记的卡片(A1，A2，A3)，请持A1、A2、A3卡片的同学读出自己卡片上同学留下的名字，被读到名字的同学再读自己卡片上的名字，直到读名字的过程中断为止。教师解释游戏的意义：假设A1、A2、A3卡片代表艾滋病病毒携带者或者艾滋病患者，与之发生性行为的人，将会被传染上艾滋病病毒，艾滋病毒也会经由血液途径传播。让学生通过游戏理解“传染”。

◆教师进行总结。

3.如何与孩子谈论避孕套的话题

在我的课堂中，我不会主动提及避孕套的话题，不会将避孕套内容作为教材和课堂必须讲解的内容，这样的方式既尊重了学生的认知发展，也不会引起家长的反感。但是，有时候学生们会主动提出一些关于避孕套的问题，此时我会理所应当地回应。

一次，在我给六年级孩子的课堂结束后，一个男孩找到我，提出了关于避孕套的问题。我们的对话如下：

男孩："胡老师，什么是避孕套，什么是安全套啊？"

我："你怎么知道避孕套和安全套的呢？"

男孩："12月1日是世界艾滋病预防日，这几天报纸天天都在报道预防艾滋病，我就知道了避孕套和安全套。有的报纸说避孕套可以预防艾滋病，有的报纸又说安全套可以预防艾滋病，我搞不清楚这些东西是怎么来预防艾滋病的，也不知道避孕套和安全套是什么东西，就到网上去查，结果还是没有查到这两个东西有什么不一样。"

我："避孕套和安全套是一种东西，当它用来避免怀孕的时候，我们称它为避孕套，当它用来预防通过性行为传播的疾病，比如艾滋病时，我们称它为安全套。"

男孩："怎么使用呢？是男人用还是女人用？"

我："避孕套是男性使用的，与女性发生性行为的时候套在男性的阴茎上，这样就可以预防艾滋病了。"

男孩："网上说避孕套有多种口味，苹果味、香蕉味还有草莓味，我不知道是不是这样，网上说在美国有这种避孕套卖，中国有吗？"

我："这个问题我不是很了解。不过避孕套是可以做出这些香味的。还有什么问题吗？"

男孩："没有了，老师，不要把我今天提问题的事告诉其他人，不然他们会认为我太坏了。"

我："我会为你保密的！"

一般来说，当孩子们问到这类问题时，我会对他们信息的来源做一些了解，然后再回答孩子们的问题。由于我在这个班级已经给孩子们进行了这个年龄段相应的性健康教育课，也给他们讲解过如何预防艾滋病，所以他很容易理解我的话。

成年人误以为孩子一旦知道了避孕套如何使用，就会去发生性行为。所以，成年人在遭遇孩子谈论避孕套话题的时候会感到非常紧张。其实，孩子仅仅是想了解避孕套是做什么用的和避孕套的使用方法，他们并非想使用避孕套。孩子是否发生性行为，与孩子是否知道避孕套的用法没有直接关系，而是与父母对孩子的性教育智慧有直接关系。

SHANJIETONGZHEN Chapter 6

第6章 爱情给孩子带来的成长

爱情是
孩子的生命完整成长的催化剂

第一节
爱情让孩子获得成长契机——予枫与尹尹的故事

在北京李跃儿芭学园里，孩子们在院子里玩耍。4岁多的尹尹和予枫也在院子里玩，尹尹荡着秋千，予枫在滑梯上隔着栏杆，面对着尹尹，大声地叫着尹尹的名字：“尹尹，尹尹。”

尹尹荡着秋千，回应着：“嗯。”

予枫：“你当公主。”

尹尹：“我是最大的公主！你呢？”

予枫：“我是王子，在王宫里。”予枫将滑梯上的平台当成了自己的王宫。

尹尹说了一句：“是吗？”便离开了秋千，来到室外的工作区，将一块淡黄色纱巾用发卡别在了自己头上，或许是因为刚才的对话说到了自己是公主，尹尹正在将自己打扮成公主的模样。最近一段时间，予枫喜欢上了尹尹，他知道尹尹想当公主，所以，他经常穿着一件拖地的红色长披风，让自己看起来显得比较有王子的范儿，希望吸引尹尹的注意。可是，红色披风似乎并没有吸引到尹尹的注意力。

看到尹尹离开，予枫的目光追随着尹尹的身影，大声呼喊着：“尹尹，尹尹，尹尹，尹尹，尹尹，尹尹。”然而，近在咫尺的尹尹连头也不回，不搭理予枫。予枫想尽办法希望自己能够吸引尹尹：“尹尹，我当王子。”见尹尹还是不理睬，予枫继续：“尹尹，我当王子，你来我们的王宫里来啊！”予枫将王宫说成了“我们的王宫”。尹尹却回应：“我不要！”并继续用发卡将淡黄色的纱巾别在头上。“尹尹，我当王子。”“尹尹，我当王子，你来我们的王宫里来啊！”这两句话，似乎与尹尹没有任何关系，予枫想对尹尹表达的应该是：“我当王子，你当公主，来我们的王宫吧！”可是，4岁多的予枫语言表达还不成熟，无法将自己的内心情感用合适的语言表达清楚，所以，没有吸引到尹尹。

看着尹尹拒绝了自己的邀请，予枫一个人坐在滑梯的平台上，开始啃着指甲，眼神忧郁地看着远方，他不知道尹尹为什么拒绝自己。之后，他擦干眼泪，从滑梯上下来，鼓足勇气来到尹尹身边，他指着尹尹的头顶，想给尹尹来个惊喜，他对尹尹说：“尹尹，你看看你的脑袋上！”尹尹回答：“哎呀！你走开！”起身离开了予枫。予枫的第二次“进攻”又失败了。此时，他又将手指放进嘴里，眼神里满是痛苦，依然不知道尹尹为什么这样对待自己。

予枫回到自己的王宫，孤独地坐在那儿，时刻关注着尹尹的动向。此刻，他听见尹尹对其他三个女孩说：“快点工作，快点工作，我们要去王子那里去啦！”予枫立即站起来，在滑梯上层的平台上摆出姿势，像一个王子一样来回走动，走的时候脚步有力，发出咚咚咚的声音，拖地红色长披风在予枫的背后飘逸着，似乎在提醒着尹尹：“我在王宫，你们快来啊！”可是，来回走了几次，予枫不停地张望着，女孩们似乎忘记来王宫的事情了，她们在工作区里照顾布娃娃。予枫忍不住走下滑梯，来到尹尹身边，邀请女孩们去王宫。一个女孩告诉予枫：“大姐（尹尹）说不能来。”予枫问：“为什么？”“因为我们今天真的不能来。”予枫郁闷地回到自己的王宫里，第三次进攻宣告失败。

一次接一次的失败，没有让予枫放弃，但是，他的确不知道该用什么样的方式，才能够让尹尹来到自己的王宫。此时，李跃儿老师出现了，来到予枫身边，问：“你是想女孩来你的王宫，是吧？”可予枫双手捂着耳朵，不理睬李跃儿老师，顺着滑梯滑到地面去了。李老师来到尹尹和几个女孩身边，女孩们正在过家家，她对女孩们说：“一个家里必须得有男人，有女人。”一个女孩回答：“予枫就是我们的男人。”李老师：“但是，他喊了你们半天，你们都不理他，一般在一个家庭里，男人都是出主意想办法的人，有时候女人要听听男人的主意，但是他在滑梯上喊了半天，你们都不理他。”此时，一个女孩大声地问：“予枫，你有什么事儿呀？”其他几个女孩附和着：“对呀。”此时，予枫呆呆地坐在自己的王宫里，他无法用语言回应女孩的问题。

4个女孩把自己打扮一通，对着予枫的王宫一字排开地站在院子里，谁也不知道女孩们的心思，只有李跃儿老师看懂了。她来到女孩们面前，问：“你们排队是让王子来挑你们吗？”女孩们回答：“是啊！”李跃儿老师对予枫喊道：“予枫，快点，公主都排好队让王子来挑她们，你不要滑滑梯啦！”予枫立即离开了滑梯，来到女孩们身边。一个女孩问：“你要挑哪一个啊？你到底挑哪一个啊？”予枫没有搭理她，穿过前面三个女孩，径直来到尹尹身后，伸出双手抱住尹尹，幸福地大声说：“太好啦，尹尹！”

予枫立即带着尹尹来到自己的王宫，当尹尹来到王宫后，予枫却不知道该干什么了，他没有和尹尹说一句话，自己滑着滑梯下去了，将尹尹独自留在了王宫里。此时，其他几个女孩也来到了王宫，尹尹说：“哎呀，我忘记带结婚证啦！”几个女孩一起滑着滑梯离开了王宫。而此时，予枫却从滑梯的另一侧楼梯来到滑梯的平台上，看着王宫人去楼空的景象，予枫无奈地坐在王宫里，满面愁容……

对于4岁的予枫来说，经营两性情感的能力因为尹尹而开始发展，此时，予枫经营两性情感的能力还处于低阶水平。虽然在李跃儿老师的帮助下，尹尹终于来到了王宫，然而，予枫还没有发展出更多的能力来吸引尹尹留在自己身边，于是眼睁睁地看着尹尹离开了王宫。

这是纪录片《小人国》里的一个情节，这个情节既不是导演的编排，也不是演员演出来的，而是芭学园拍摄组抓拍到的一段影像，是孩子们的自然状态。在这段情节中，我们看到予枫虽然经营两性情感的能力处于低阶水平，然而，他向尹尹表达情感的勇气是显而易见的。人类在求偶中追求自己喜欢的异性的勇气与生俱来，这份勇气从孩子情窦初开的时候就开始显现。如果这份勇气得到了很好的保护，在未来的日子里，孩子就会有勇气去追求自己的真爱，获得未来婚姻的幸福和美满。从这个角度来说，保护孩子追求真爱的勇气至关重要。

同时，在这段情节中，我们看到了李跃儿老师对予枫的保护。当予枫3次邀请尹尹去王宫失败后，李老师及时抓住了这个教机，帮助予枫获得了成功——尹尹去了王宫。这让予枫感觉到：虽然邀请尹尹来王宫很困难，几次都没有成功，但只要我不放弃，就会得到帮助，我就会成功。这样的信念会支持着予枫，使他以后遇到任何困难都不会轻言放弃。

在芭学园的日子里，予枫继续喜欢着尹尹，随着年龄的增加和经验的丰富，他发展出了越来越多的能力来经营与尹尹的情感。比如，予枫会营造一个家庭的游戏，自己做爸爸，尹尹做妈妈，用布娃娃做他们的孩子，这样一个家庭生活的游戏，让尹尹时刻都围绕在予枫的身边。

每一个孩子经营两性情感的能力都有一个从低阶到高阶的发展过程，幼年时候经营两性情感的能力是一种初级状态，随着孩子年龄的增加和经验的丰富，他们经营两性情感的能力会逐渐提升，为未来的恋爱和婚姻做好准备，这是人类经营两性情感能力发展的必经之路。

第二节
爱情让孩子变得成熟：美国电影《小曼哈顿》赏析

美国电影《小曼哈顿》讲述了一个10岁小男孩加比的初恋故事。影片从加比经历初恋时的心理活动，再现了加比在经历短短两周半的爱情过程中带来的体验和成长。影片以加比的内心独白为艺术表现形式，让观众更加准确地理解了加比在经历初恋时的心理活动和生命感悟。

1.加比获得的成长

在这段短暂的初恋过程里，加比获得了怎样的成长呢？让我们通过影片中的情节来解读吧。

第一，体验到了情窦初开的心动

加比是一个普通的10岁男孩，正在经历青春期排斥异性的心理发展阶段。影片的一开始，加比就用独白描述了男孩对女孩的厌恶。影片里有几个情节：一个女孩碰触了一个男生的手臂，这个男生就惊恐地大叫："有虱子！有虱子啊！"男孩们因为排斥女生，想当然地认为只要被任何一个女生碰触了身体，就会被传染上虱子；男孩们都对女孩们产生呕吐的感觉，在加比的想象中，班里的男生都在朝女生呕吐，大量的呕吐物都被吐到了女生的衣服和头发上；加比只和男生玩，不屑于和女生玩。

在被人高马大的留级生欺负之后，加比参加了空手道班，在那里他遇见了当初在一个幼儿园上学、现在与他同班的罗斯玛丽，他们成了练习空手道的搭档。这次相遇，让加比与女孩有了近距离的接触。因为自小就认识，在空手道班级里他们又是搭档，于是便有了很多交流的机会。在一次相约去罗斯玛丽家里练习空手道的时候，罗斯玛丽要去服装店试穿花童衣裙，于是，加比陪着罗斯玛丽走进了服装店。

加比非常讨厌逛服饰店，虽然罗斯玛丽说最多5分钟就可以完成试衣服，但我们还是听见了加比内心的声音："我宁可用老虎钳把我的脚趾甲一个一个拔下来，也不愿在服装店里待上5分钟！"加比无聊地坐在服装店里，无可奈何地等着罗斯玛丽试穿衣服。然而，就在此时，爱情却不期而至了。

当罗斯玛丽穿着淡紫色的裙装轻盈地跳上试衣台，对着镜子转身，转圈，飘逸的长发跟着舞动时，这一瞬间，罗斯玛丽犹如仙女下凡，敲开了加比的情窦之门。加比摸着自己扑通扑通跳动的心脏部位，自问："到底怎么了？为什么会这样？我的天啊，在我心窝里产生了一种奇怪的感觉，她变了一个人，让我眼前一亮。"加比体验到了人生中对爱情的第一次心动感觉。爱情就是在这一瞬间，敲开了加比的心门，走进了加比的生命。

第二，体验了爱情中幸福的感觉

在电影中，加比的幸福感从他每一次会心一笑中流露着，也从他的内心独白中涌现着：

◆他梦到罗斯玛丽穿着紫色的花童裙，和他拥抱在一起飞上了天空。

◆当罗斯玛丽站上他的滑轮车，用双手抱住他的胸前时，他嘴角的一丝笑意。

◆当他在罗斯玛丽家里与她一起坐在阳台上喝着果汁聊天时。

◆当与罗斯玛丽一起在家里练习空手道的时候。

◆当他与罗斯玛丽一起在公园里吃着冰淇淋游玩，他觉得整个公园都是他的世界。加比的内心独白："我和罗斯玛丽在公园里走，甜蜜得有些头晕目眩，这里变成了我的公园，我的纽约！"

◆当他与罗斯玛丽一起去听音乐会的时候。

◆在公园里，他幸福地看着罗斯玛丽，内心念叨着："朋友们，你们见过比她更漂亮的女生吗？集美貌与智慧于一体，正是我喜欢的类型，哇，从没有想过自己居然有喜欢的类型！"

与罗斯玛丽在一起，这个世界一切都变得不一样了。虽然面临父母离异，但加比对罗斯玛丽的爱情，却让这个世界有了属于加比的温暖和激情，这些温暖和激情让加比品尝到了爱的味道。

第三，生命迸发出追求爱情的勇气

自从爱上罗斯玛丽后，加比鼓足勇气开始寻找机会接触罗斯玛丽：

◆加比试着在黄页上找罗斯玛丽家的电话号码，但找到的两个号码打过去，都不是罗斯玛丽家的，一个号码是杂货铺的电话，另一个号码是一个老爷爷家里的。本来想通过电话联系罗斯玛丽的方式以失败告终。

◆加比采取了在罗斯玛丽家附近转悠的方式，希望能够有机会遇见罗斯玛丽。每次经过她家门口，他都会久久地张望着罗斯玛丽家的大门。终于有一天，罗斯玛丽和家人一起出现了，加比心里一阵狂喜，接着又是一阵紧张。此时，他的内心独白反映了他矛盾的心理，他不停地自言自语起来："上去打个招呼吧！""她好像很忙，要不改天再去吧！"他有点犹豫，"胆小鬼，白痴，懦夫”“我不是懦弱，人之常情嘛”……此时，加比的思维与行为已经是一种分离状态，在犹豫不决中，他和滑轮车直奔罗斯玛丽和家人，差点撞上了他们。虽然加比的大脑在犹豫着，想用理性来控制自己的行为，然而，情感却让加比勇敢地来到了罗斯玛丽面前。

◆在公园里的生日聚会上，为了逃离罗斯玛丽家保姆的视线，能够与罗斯玛丽独处，加比鼓起勇气提出要和她一起去买冰淇淋，他将这次单独与罗斯玛丽的相处机会看成是自己的第一次约会。为此，他花费“巨资”购买了两只哈根达斯冰淇淋，他为自己的豪爽感到很得意。

◆加比主动提出要多与罗斯玛丽练习空手道，罗斯玛丽提出到加比家里进行练习，虽然两天的等待很漫长，但也让加比尝尽了期盼的滋味；当罗斯玛丽要来加比家里练习空手道的时候，加比无比紧张，他不知道当罗斯玛丽出现在他家门口的时候，他该如何与罗斯玛丽打招呼，于是，在罗斯玛丽到来之前，加比在镜子面前反复练习：“嗨，罗斯玛丽”“嗨，你好，美女”“你好吗，小妞”“嗨，罗斯玛丽·特里斯科”……在罗斯玛丽进入电梯后，尚未来到加比家的门前时，加比心里却因为罗斯玛丽的到来忐忑不安，他内心独白道：“我觉得自己刚才的练习太恶心了，我觉得有点变态，人家只是小女生嘛，怎么能够那么轻佻随便呢？”不断地肯定与否定自己的做法与想法，让加比紧张得不知所措。当罗斯玛丽来到加比面前时，之前所有的练习都没有派上用场。加比镇定自若地接待着罗斯玛丽，对于加比来说，这是一次对自己的突破。

◆当加比爱上罗斯玛丽之后，开始注重自己的衣着和发型。从小到大都是妈妈帮理发的加比，开始向妈妈提出了要去理发店理发的要求，他不再无视妈妈的手艺和随心所欲做出的发型。可是却被妈妈拒绝了，于是，加比费尽心思地向父亲求助。父亲理解了加比的要求，加比如愿以偿，到理发店做了一个满意的发型。

◆罗斯玛丽邀请加比去参加音乐会，罗斯玛丽与她的父母一起来接加比。在音乐会浪漫的歌声中，加比忽然理解了歌声里的浪漫情怀。此时，加比鼓足了勇气，慢慢地伸出自己的小手，终于握住了罗斯玛丽的手，“原来我从来没有发现，我的手可以出那么多汗，但我已经决定要一直拉着这女孩的手。”罗斯玛丽有些惊讶，但没有拒绝，过了一会儿之后，她将自己的手从加比的手中抽回，在裤子上擦了擦手上的汗，又重新握住加比的手。这个过程虽然很短，却让加比思绪万千，生怕自己冒犯了罗斯玛丽，“这是什么意思？她讨厌我？觉得我太放肆？是不是我太急了一点？”慌乱中，感觉罗斯玛丽重新握住了他的手，加比才又露出了幸福的笑容。这一段里我们看到了加比复杂的心理活动。

◆音乐会结束后，与罗斯玛丽分别时，在复杂的心理纠结中，加比鼓足勇气亲吻了罗斯玛丽，之后在恐慌中不停地问自己：“我做得对吗？我不知道，我也没有什么可以参照的。天啊，我会不会太放肆了？”而罗斯玛丽有些惊慌，却也理解加比，她匆匆地说“我该走了”，就离开了。这次亲吻却让加比失眠了。夜里，加比无法入眠，内心依然在纠结自己的第一次亲吻是不是会冒犯罗斯玛丽。加比的内心独白：“那一瞬间的画面反反复复出现在我的眼前，我会不会太快太主动太放肆？她其实想不想我吻她呢？是不是我吓跑她了？这下糟了，我的心窝感受到一种新的感觉，可能就是相思症，也可能就是所谓的虱子效应……”在第二天的空手道课堂上，加比看到罗斯玛丽与缇姆在一起练习，心里非常不舒服，将自己的练习搭档大卫作为了自己发泄的对象。在课堂里教练做示范时，加比一直在想：她爱我？她不爱我？她爱我？她不爱我？爱我？不爱我？爱？不爱？爱？不爱？……

◆跆拳道班的教练为了让同一水平的孩子在一起练习，调整了孩子们的练习搭档，已经获得黄带的罗斯玛丽被调至与缇姆成为搭档。缇姆是一个比加比高也比加比帅的金发小男孩，加比不能再和罗斯玛丽一起练习空手道了，缇姆在加比的心目中成了情敌。为了能够重新与罗斯玛丽成为练习搭档，加比必须获得黄带。于是，他勇敢地提出来考核黄带，在面对击破木板的考核时，加比的手臂骨折了。

◆在爱上罗斯玛丽之前，加比非常害怕学校的恶霸留级生，只要见着这个爱欺负同学的留级生，加比一定会转身逃离。后来加比与罗斯玛丽一起为他的父亲看房子，在回家的路上，他们来到了一座废弃的花园，刚进入花园，留级生就骑着自行车进来了，他恶声恶气地说：“这是我的花园！谁让你们进来的？”加比立即拿出英雄救美的气概，将罗斯玛丽护在身后。在留级生出手准备打加比的时候，罗斯玛丽挺身而出，使出自己空手道的功夫，将留级生打得趴下了。此时，加比看到罗斯玛丽毫不畏惧地攻击留级生，也勇敢地踢了几下留级生，这是加比勇气的突破。

第四，体验爱情中的酸味

爱情的特质之一是排他性，当加比爱上罗斯玛丽后，他希望罗斯玛丽只属于自己。在空手道训练班里，罗斯玛丽的搭档被教练调换成了缇姆，加比对此醋意大发，但一直没有找到机会宣泄心里的悲愤。当他手臂受伤之后，不能够再参加空手道训练，想到罗斯玛丽与缇姆在一起练习空手道，想象着缇姆爱上了罗斯玛丽，加比的内心非常不安。直到罗斯玛丽打电话来，加比终于有了宣泄自己醋意的机会。然而，这次宣泄却破坏了他和罗斯玛丽的友情。

晚上，罗斯玛丽打电话来安慰加比，加比却提出与罗斯玛丽见面。在罗斯玛丽告知自己的时间安排后，加比明白如果这个周末再不见面，罗斯玛丽就要去参加夏令营，然后就会离开现在的学校去私立学校上学了，他们将很难再见面。所以，加比急切地想与罗斯玛丽见面，但罗斯玛丽没有时间。此时，加比将自己对缇姆的嫉妒发泄了出来，在电话中，他对罗斯玛丽说："你是不是想跟缇姆花前月下？"然后来了一首打油诗："KISSING，先是恋爱，然后结婚，接着替缇姆生孩子。"罗斯玛丽不理解加比为何这样说，两个孩子在"我恨你""我也恨你"的吵架声中挂上了电话。

放下电话那一刻，加比开始号啕大哭，一边哭着一边叫着罗斯玛丽的名字。他不知道为什么要说出言不由衷的话语，他的内心深爱着罗斯玛丽，却在电话里对罗斯玛丽大叫"我恨你"。加比知道自己犯下了不可挽回的错误，不知道该怎么来修复与罗斯玛丽的关系。这段经历对加比来说非常重要，在未来的恋爱中，他懂得了不可以轻易地猜忌对方。

第五，发展了解决问题的能力

当加比与罗斯玛丽发生矛盾后，加比不断告诉自己："没有罗斯玛丽，我的生活依然美好。”然而，这样的自我麻醉并没有起到任何作用，罗斯玛丽依然无时无刻不出现在加比的心里，让他无心做任何事情。他还是会踩着脚踏车到她家对面转悠，偷偷地看着她出门。他不甘心就这样结束了与罗斯玛丽的情感，但又不知道该怎样处理这件事情。

在一次与爸爸练习橄榄球的时候，加比心不在焉，爸爸看出了加比的心事，父子俩开始聊天。加比问爸爸：“爸爸，应该怎么跟女生相处啊？她们为什么总是我行我素，是不是所有的爱情都有尽头？”父亲沉默良久后，语重心长地说道：“让我告诉你一些我和你妈妈的事情吧。以前，我们真的深爱着对方。但是时间长了，就出现矛盾了。都是些鸡毛蒜皮的小事，但是我们互相都没有说出来。不过鸡毛蒜皮的小事堆积起来，就会像我们家的杂物间一样混乱。到了后来，矛盾已经不再是鸡毛蒜皮，而我们俩的感情已经无法挽救了……我真希望当时我能说出来。”加比问：“为什么不说出来呢？”父亲回答：“不知道，加比，我宁愿我有说出来。”

父亲与儿子的对话，是两个男人之间的对话，这次谈话对加比和爸爸都是一次自我理清的过程，爸爸谈到了自己婚姻中存在的问题，这样的谈话角度容易让加比理解。父亲在离开加比先行回家之前，对加比说：“把伤痛当作香肠消化掉。”然后离开了加比，让加比独自处理自己的情绪。

在爸爸回家后，加比独自思考着爸爸所说的话。此时，在加比所看到的饭店前的滚动牌上出现了“我爱你，罗斯玛丽”，公车广告上打出了“对不起，罗斯玛丽”，涂鸦墙上浮现出“我不恨你，我永远不会恨你”……突然间，加比明白了该如何去做——“爱不是简单的几个字，爱要大声说出来！爱是用飞机在空中拉出标语，爱是在体育场的视频公告牌上打出求婚，爱是在空中写下大大的‘我爱你’，爱是多走几千米，即使走到脚疼，然后毫无保留地说出来，爱是鼓起你莫名其妙和不知哪儿来的勇气！”加比终于理解到：要处理两个人的情感问题，需要将自己内心的想法真实地说出来，告诉对方，让对方懂得自己的内心所想。

加比一路狂奔来到婚礼现场，看着穿着紫色花童裙的罗斯玛丽，却不知道该如何做。此时，罗斯玛丽看到了他，问：“你来这里干吗？”

加比："你明天要去夏令营了，我来和你道别。"

罗斯玛丽："但是你说你讨厌我。"

加比："我没有讨厌你，我说谎了，罗斯玛丽，我爱你。"

罗斯玛丽："你说什么？"

加比："真的，对不起，我爱你比爱谁都深，我爱你，我爱你，我爱你，我爱你，我爱你！你觉得你会不会也爱我呢？"

罗斯玛丽完全没有思想准备，她回应道："我不知道，我才11岁。我不觉得我已经准备好恋爱了。"

加比："我也没有准备好，但我已经在尝试。"

罗斯玛丽："我想爱情没有那么简单，也许我错了，女孩没有男孩早熟。我现在已经不知道什么是成熟了，但是我很开心今天你能来，你想跳支舞吗？"

加比："跳舞？好吧。"

两个人相拥着跳舞。加比心里也明白，明天以后，两个人的生活轨迹再也不会重合了，在茫茫人海中，他们只是擦肩而过。加比也知道，他必须接受这个现实，这段情感已经走到了终点。然而，在加比的生命中，这是生命中不可磨灭的一段爱情！经历了这一段情感，加比学会了承受情感的失败。

在这段情感中，不仅加比获得了成长，罗斯玛丽也在处理这份情感中获得了成长。罗斯玛丽最后拒绝了加比的爱情，给加比带来了痛苦和折磨。然而，罗斯玛丽对加比的拒绝没有让加比感觉到羞辱、低自尊、自贬、无能感，罗斯玛丽只是认为自己没有准备好谈恋爱，而非加比不配或者加比不优秀。无论自己是否爱加比，罗斯玛丽都懂得尊重加比的情感，这就是罗斯玛丽的高贵素养。在这样的尊重中，加比没有受到伤害。

在我们的文化下，很多父母认为孩子在经历爱情时，如果被拒绝就会给孩子带来伤害。现在，我们需要来讨论什么是挫折，什么是伤害。罗斯玛丽的拒绝给加比带来的是伤害，还是挫折呢？挫折是孩子经历的成长之痛，是成长的催化剂，会帮助孩子获得生命的力量，让孩子内心变得丰富和成熟。比如加比经历的这段爱情，被罗斯玛丽拒绝就是爱情中的挫折，这段挫折让加比获得了应对挫折的经验，内心变得坚强。在孩子经历爱情的过程中，如果孩子的爱情被对方拒绝，如果对方或者成年人对孩子的话语是："你如此糟糕无能，我才不想和你谈恋爱。""你这么小就谈恋爱，不知道羞耻啊！""这么小的孩子，懂什么爱情？"等等，那么孩子在这些话语中感受到的是羞辱、低自尊、自贬、无能感，就会给孩子带来伤害。所以，爱情本身不会给孩子带来伤害，对方的拒绝也不会给孩子带来伤害，但是，如果拒绝的方式和他人对待孩子爱情的态度不当，就可能给孩子带来伤害。

加比在第一次的爱情中，经历了：

◆第一次怦然心动

◆第一次和女生说话会紧张，语无伦次

◆第一次牵挂某个人

◆第一次和女孩约会

◆第一次载女孩踩脚踏车

◆第一次因为女孩而不胆怯

◆第一次为了爱情而失落

◆第一次梦到喜欢的女孩

◆第一次吃醋

◆第一次等女生的电话

◆第一次牵手

◆第一次亲吻

◆第一次为了爱情而疯狂

◆第一次为了女生哭泣

◆第一次告白

◆第一次失去

◆第一次学会面对失败

这些都是加比在这场爱情中的收获。罗斯玛丽是加比的第一次爱情，第一个喜欢上的女孩，今后他还会遇到很多女孩，或许会有很多次恋爱经历，而与罗斯玛丽的这次爱情，在加比未来的爱情和婚姻中是宝贵的经验积累。这些积累丰富了加比的情感，让加比变得成熟而坚强。

2.父母的支持是孩子成长的助力

在这段短暂的爱情中，加比和罗斯玛丽都获得了积极正面的成长，这次成长与两个孩子的父母对孩子情感的理解、接纳和支持密切相关。我们通过影片中的一些情节来看父母对孩子的帮助。

当加比应罗斯玛丽的邀请，与罗斯玛丽和她父母一起听音乐会时，罗斯玛丽的爸爸妈妈没有干涉女儿邀请一个男生，而加比的父母也支持加比与罗斯玛丽一起去听音乐会。加比把自己打扮得像个绅士，懂得参加音乐会的礼仪，得到了父母的支持。

音乐会结束后，罗斯玛丽的父母早已心照不宣，在分别的时候，夫妻两个手牵手借口去商店，把时间和空间留给了两个孩子。此次道别的机会，让加比鼓足勇气，第一次亲吻了罗斯玛丽。

当加比与罗斯玛丽发生电话吵架事件时，加比在房间里大声哭喊，还摔坏了电话机。妈妈来到加比房间，搂着哭泣的加比，平静地对加比说："不是每件事情都如你所愿的那样恒久不变，有些东西，它们就像火焰一样，真的很美丽，却只有刹那的光辉，你明白吗？"妈妈尊重加比的情感，同时也帮助加比理解情感的变幻莫测。加比的父母非常清楚地知道，加比在恋爱中正在经历着酸甜苦辣的滋味。

影片中我们还可以看到很多成年人对孩子予以帮助的情节。如果读者感兴趣，可以去看看这部电影。

3.一个12岁女孩观看《小曼哈顿》后的感悟

今天，我看了一部叫作《小曼哈顿》的电影。它讲述了一个10岁小男孩和一个11岁女孩的爱情故事。

男孩的名字叫加比，女孩叫罗斯玛丽。他们两个可以说是青梅竹马，幼儿园的时候就经常在一起玩，可是随着年龄的增大，他们之间的交集越来越少，就像画了条明显的分割线一样。加比一直都认为女生很恶心，很无趣，只要一碰女生，身上就会长出虱子，甚至如果和女生的距离在5米之内，就会呕吐。直到有一天，他和罗斯玛丽一起练习跆拳道时，他对罗斯玛丽怦然心动了，从此加比对罗斯玛丽展开了一系列情感。

这部电影讲述了加比暗恋时的期待，喜欢时的激动，吃醋时的难过和失恋时的伤心。最后加比表达了自己的心意，没有得到罗斯玛丽的爱，却从这段经历中学到了坚强、勇敢，他终于敢做以前不敢做的事情了，也理解以后会有让他再次心动的女生，可是他的初恋永远属于罗斯玛丽。

我认为年少时的爱情都是一瞬间的罢了，但是也很美好，最重要的是能够从失败中学到更多，变得更好。比方说，电影里加比开始一直想亲罗斯玛丽，却一直不敢，最终他鼓起了勇气亲了她。在喜欢罗斯玛丽之前，他一直都不是很认真地对待跆拳道，喜欢她之后，他每天都很努力地练习，还赢了跆拳道老师。

我不是特别支持早恋，但也不反对，因为早恋有它的好处和坏处，我认为从早恋中可以得到的最重要的东西，不是短暂的恋情，而是一个可以让自己变得更好的机会。

第三节
爱情带来的多种能力发展

在为孩子们讲解爱情的课堂里，我希望孩子们明白爱情给他们带来的一份成长，希望他们明白，无论一段爱情的结果如何，这段爱情都会让他们变得成熟一些，由此感恩每一段爱情。

爱情给孩子带来的多种能力发展体现在以下几个方面：

1.情感的成熟得到发展

爱情能够为孩子带来独特的情感体验。这样的一种情感是父母无法给予孩子的，也是同伴无法给予孩子的，只有这个让Ta心动的异性，才能够让Ta体验到爱情的滋味。对于孩子来说，这是一笔宝贵的情感财富。不论任何年龄的孩子，当他们遭遇爱情时，都可以从中获得爱与被爱的体验：甜蜜、思念、快乐、幸福……当他们失恋时，会体验到：孤独、忧伤、痛苦、寂寞……这样的情感体验也只有在爱情中才能够感受。经历了爱情的孩子，情感会变得丰富而成熟，孩子的内心因此而坚强。在未来选择自己的结婚对象的时候，孩子会去追寻曾经体验过的这种爱情感觉，为婚姻奠定情感的基础。

2.追求真爱的勇气得到发展

向自己喜欢的异性表达爱慕之情是需要勇气的，年龄越小，孩子对自己喜欢的异性的表达就会越无顾忌，这常常让孩子在童年时期的求爱获得成功。有了这种表达成功的经历，就为孩子成年后追求真爱储备了勇气，就决不会眼睁睁地看着自己喜欢的异性被别人追到手，而痛悔一生。

3.与异性交往的能力得到发展

在初次恋情中，孩子们会不知道如何才能够获得对方的认可和喜欢，可能会做出一些让自己或者对方都尴尬不已的行为，说出让自己和对方都尴尬的话语。如何应对这样的尴尬，在爱情中孩子们有了学习的机会。另外，这样的尴尬对于幼年或者青春期的孩子来说，并不会影响到他们对于爱情的勇气和信心。然而，对于成年人来说，如果自己的求爱行为太幼稚可笑，让自己和对方都尴尬不已，可能会影响到自己的勇气和信心。当孩子已经经历了这一切，他们到了成年之后，就会变得更加成熟，这样的成熟有利于他们追求到自己心仪的异性。

当两个相互喜欢的孩子进入爱情的练习阶段，他们必然会在这个过程中学习交往的技能：爱的能力、被爱的能力、包容对方的能力、语言表达的能力、理解异性的能力……这些能力对于孩子未来维系幸福婚姻是必不可少的。

4.管理冲动的能力得到发展

青春期的爱情中夹杂的性欲冲动，考验着当事人控制自己性冲动的意志，这也是练习管理性冲动的契机，也是孩子成长起责任感的契机。

5.承受失败的能力得到发展

孩子的爱情不会是一帆风顺的，在这个带有幼稚成分的早期练习中，孩子会遭遇各种情感的挫折：失恋、单相思、吃醋、被拒绝……经历过这样的挫折后，孩子才会明白每个人都有选择爱情的权利，他们就学会了面对现实，懂得了接受拒绝或者被拒绝。这些成长成就了孩子坦然面对失败的能力，使他们在未来的爱情中，不会经不住失恋的痛苦而跳楼自杀。

6.应对环境压力的能力得到发展

孩子的爱情总会引起同伴的羡慕、嫉妒、嘲笑、起哄、孤立……在小学或者中学，当两个孩子进入爱情之后，会遭遇同伴的起哄或者调侃，这些行为会给爱情中的孩子带来压力，他们需要学习如何应对这些压力。这个过程让孩子练就了应对环境压力的勇气和能力。

7.对婚姻的追求不会物化

如果孩子经历过一份纯真美好的爱情，享受过这份情感带来的幸福感和满足感，孩子在未来的婚姻中必然就有了对爱情的追求，有了情感基础的婚姻才会幸福和长久。他们不会成为宁愿坐在宝马车里哭泣的女人（男人），他们会追求宝马，但他们更追求爱情和幸福，因为他们尝到过爱情的味道。

8.学会对自己的爱情负责任

当爱情已经不存在，选择和平分手是对自己情感负责任的做法；如果你已经不爱，却要敷衍对方，无论出于何种缘由都是对自己和对对方不诚实，这种不诚实才真正伤害了自己和他人。在爱情中的责任意味着首先要对自己的情感负责任，然后要对对方的情感负责任。

在孩子经历爱情的过程中，如果得到正确的引导，他们就能够获得多种能力的发展。青春期爱情给孩子们带来的最大“福利”就是为他们在未来婚姻中经营情感做好心理和技术的准备，有了这样的准备，进入婚姻之后的两性关系才能够有和谐发展的可能性。所以，我认为，没有“早恋”，只有“早练”。

如果没有这样的早期练习机会，孩子的这些能力难以得到发展。经历了爱情的人都会像经历了一场精神洗礼，会获得精神层面的多种收获，还能够获得更多的能力。爱与被爱的能力，这是一个人生活幸福的必备能力。如果成年人懂得爱情给孩子带来的发展契机，就能够坦然地应对孩子的爱情，少了许多的顾虑和担忧，而更多地以积极的心态来应对孩子的爱情。

每一段真挚的爱情，都发自孩子的生命，都是孩子成长的催化剂。在我们的传统文化中，只要谈到孩子的爱情，父母和教师的第一反应一定是：“糟糕！孩子要被毁了！”在这样的心理之下，父母和教师对待孩子爱情所产生的行为必然是否定和阻碍。

希望这个章节能够引领大家看到爱情给孩子带来的积极正面的能量，能够看到孩子在爱情中获得的成长。如此，在我们面对孩子爱情的时候，就会有一种欣喜——孩子的成长契机来啦！

SHANJIETONGZHEN Chapter 7

第7章
成年人如何应对青春期孩子的爱情

孩子爱情观的建构源自家庭

父母间的情感会影响孩子对爱情的信任度

父母沟通的艺术会影响孩子未来的夫妻沟通模式

第一节
帮助孩子建构爱情中的界限

帮助青春期的孩子懂得在爱情中的界限，是帮助孩子学会控制自己的行为和冲动的重要内容，这也是将爱情责任感教育落到实处的方法。

1.我对根儿的爱情教育

在每个孩子的成长中，爱情都是一个绕不开的话题，根儿的成长也不例外。

找一个像妈妈一样的妻子

根儿8岁时的一天，我在开车回家的路途中，与先生谈论着一个亲戚对孩子的教育方式有些不妥的地方，这位亲戚对孩子经常用羞辱性的语言骂孩子，贬低孩子。根儿一直沉默着，突然间他发言了："我以后要找一个像妈妈一样的女人结婚！"根儿讲这句话的时候，表情平静而自然，但态度很坚定。我心里暗暗发笑，也很吃惊：他结婚的念头怎么还在延续啊！4岁的时候他就提出过要结婚的问题，现在到了8岁还在想结婚的事，而且还有了找对象的标准！于是，我与先生停止了谈话，转头看着他问："为什么要找妈妈这样的女人呢？"根儿的回答大大出乎我们的意料，他说："我要找一个会帮助孩子的女人，不找只会骂孩子的女人，妈妈会帮助我。"大概是他听懂了我与先生的谈话，将那个亲戚和我进行了比较，最后得出了自己的结论！

选择女朋友的标准

根儿读小学六年级时，老师告诉我有个女孩喜欢他。联想到在这一年的节假日，根儿收到了一些女同学给他的节日贺卡，我觉得可能是有些苗头了。前一段时间，他每收到一张节日卡，还没有打开看就主动交给我。我开始意识到孩子逐渐要进入青春期了，女孩比男孩发育要早一些，如果女孩对他主动，或许会让他提前进入对少男少女的情感中。于是，我开始主动地和他进行沟通。有时候，我会故意作开玩笑状问他："有女生喜欢上你了吗？"他回答没有。我会感叹一番："我的儿子这么优秀，怎么没有女孩喜欢他呢？这些女孩还没有发现我儿子的魅力啊！"看到我是这样的观念，根儿内心也放松了，于是，谈话有了进展。

我："儿子，在班上有女同学喜欢你吗？"

根儿："我个子又矮，又不帅，哪个女生会喜欢我嘛！"根儿的个子的确不高。

我："但你的成绩很好，又乐于帮助同学，很多女生说你对人真诚友善，怎么没有女生喜欢你呢？"我利用给他们班女生上课的机会，做了一番调查。

根儿："很多同学说有个女生和我好，那不是真的，是他们编出来的。同学喜欢把男生和女生配对，然后说两个人在谈恋爱。"

我小心地问："你喜欢这个女孩吗？"

根儿："不喜欢，我们班的女生成绩没有男生好，太笨了。喜欢我的女生可能还是有，但不是我们班的，是其他班的。"儿子不加考虑就说了出来。

我："你怎么知道别人喜欢你呢？"

根儿："有一天她说如果能够和我结婚就太爽了。"

我："她是怎么样的一个女孩呢？"

根儿："她成绩不好。"

我："我觉得应该用更多的项目来评价一个女孩，除了学习成绩以外，还要看她的人品，比如她是不是爱整洁、善良、诚实，是不是对人真诚、乐于帮助别人。我认为这些品质比成绩更重要！另外，还要看她的爸爸妈妈是做什么的，她的爸爸妈妈对她是不是像我和爸爸对你一样负责任，有好爸爸和好妈妈，才有好孩子。"

根儿："妈妈，她的家（房子）要和我们家差不多大，还要和我们家一样干净漂亮。”我们当时住在成都，房子不大，是97平方米的两居室，但布置得简洁大方，儿子夸我布置的家很有艺术感。

我：“嗯，要差不多。”

根儿：“妈妈，现在，还没有我喜欢的女孩！老师也说过不许谈恋爱！”根儿结束了与我的谈话。

我一直认为，教育就像打预防针，让孩子的心灵对不健康的生活方式产生抗体。或许，对他将来的女朋友，儿子已经有了“门当户对”的概念。我一直认为有相似的家庭教育背景和生活背景，才会有相同的价值观，这是婚姻生活和谐的一个基础。

不可以交往经常出入酒吧的女孩

根儿上初中一年级时，我带他参加一个朋友的生日聚会，晚上到一个酒吧去玩。我也知道带孩子到这些场所不合适，但让孩子见识一下也无妨，见惯不惊嘛。来到酒吧门口，根儿告诉我：“妈妈，这里写了‘未成年人禁止入内’，我能进去吗？”他是一个非常遵守规则的人，不会主动做违规的事情。我说：“只要有大人带，小孩就可以进去。”于是，根儿与我一起进入了这个酒吧。

这是一个灯红酒绿的场所，黑人的说唱声震耳欲聋，舞池里有很多年轻人在随着节奏摇头晃脑地扭动身体，一些年轻女孩在抽烟喝酒。找到我们的位置坐下来后，点了果盘，我和根儿一边观察环境和环境中的人，一边开始了交流。

根儿：“妈妈，这儿太吵了！”他表现出不喜欢这种地方。

我：“酒吧有两种，一种就像这样的，还有一种叫清吧，就是很清净、不吵闹的那种。”

根儿：“这些人摇来摇去的，在干什么？他们吃了摇头丸吗？”从我的课堂和书里，以及媒体宣传中，他对毒品有些了解。

我：“妈妈今天带你到这儿的目的是想让你知道，经常出入这种地方的人，很多是对自己不负责任的人，他们有可能是吸毒者，还有可能做了其他对自己不负责任的事情。经常到这种地方来的女孩一定是有问题的，以后你在接触女孩时，尽量不要和经常出入酒吧的女孩交往，虽然她们看起来很新潮，但她们会给你带来很多麻烦，使你的生活不幸福。”

根儿认真地对我说：“我知道，妈妈你放心好了。”

我希望根儿将来的婚姻宁静而幸福，与他结婚的女孩要为他们的家庭带来安宁和快乐，他们的孩子才能够在和谐的环境中健康地长大，根儿和他的家人有着健康的生活方式，才能够幸福地度过一生！

可以与同伴交流性话题

根儿16岁了，即将离开我们到深圳国际交流学院读高中，寄宿在学校里。这是他真正离开家庭、独立成长的开始，他将有更多的时间与同龄群体生活和学习，而“性”将是这个年龄群体不可避免的话题。

根儿临行前几天，我与先生交流了儿子的性教育问题。我和先生告诉根儿：“你们这个年龄的男人们会在一起谈论性的话题，比如学生宿舍的夜晚“卧谈会”，男人们会谈论喜欢的女人，甚至会交流手淫的感觉和体会，这是非常正常的事情。当同学们在议论有关性话题的时候，如果你愿意，你可以参加男人们的话题，如果你不愿意，你也可以不参加他们的议论，重要的是，不要对讨论性话题感到羞耻。”

我想让儿子明白：**他已经是个男人了，可以参加同龄群体中男人们对于性话题的讨论，这不是羞耻和下流的事情，也不要认为谈论性的话题的人是不好的。**这样，儿子才能在群体生活中接纳不同的文化，同时保持自己的思想，更好地融入群体。

从深圳国际交流学院高中毕业后，根儿考入了英国剑桥大学学习生物专业。从高中到大学，根儿一直都没有恋情。至今，根儿已经在剑桥硕士毕业，依然没有恋爱的迹象。其实，从高中开始，我就希望根儿能够有一段或几段恋情，在恋情中根儿能够经历恋爱的酸甜苦辣，或者经历失恋的痛苦与无助，或者经历主动与女孩的分手。而此时有我们陪伴在他身边，我便有了教他如何爱护一个女孩，如何在情感出现问题的时候冷静处理，如何在被分手之后能够有感激女孩的胸怀，走出失恋的痛苦……无论每一段恋情的结局如何，我都清醒地懂得这是根儿生命经历的重要学习时刻，关系到他未来的婚姻和家庭幸福。可惜，根儿一直没有给我这样的机会。

2.女班长管理班级爱情的超强能力

在一个炎热的8月，我到南京为10~12岁的孩子讲课。有一次课是关于情感的内容，让孩子明白在他们这个年龄出现与异性相关的心理活动是正常的，比如喜欢和异性同学交流，对异性感兴趣，想了解异性等。课后，一个12岁男孩与我有了这样一段对话：

男孩："胡老师，我们现在谈恋爱的时候，最想的就是和女生拥抱！"

我："那你们有过拥抱吗？"

男孩："有啊！"

我："你们在教室里拥抱？"

男孩："不在教室里，我们放学后到学校外面，吃点东西的地方。"

我："哦，你们还一起去小吃店？"

男孩："是啊。"

我："那谁付款呢？是男生吧。"

男孩："我们AA制。"

我听到这里差点没有笑倒在地，强忍住了，男孩仍然很认真。

我："啊，你们还讲AA制？！是女生制定的这个规则还是男生定的？"

男孩："我们班长定的，她是女生。"

我："班长制定的这个规则，也就是说全班同学都会遵守？是不是班级里很多同学都谈恋爱？"

男孩："是啊，我们班每周都要男女生配对的。"

我吃惊不小，问："怎么配对啊？"

男孩："一个男生配一个女生啊，每周还没有找到对象的同学都这样配对谈恋爱，实习一周，如果下周不合适就分手了，然后继续配对。"

我：“那么，你们班谁来负责帮大家配对呢？”

男孩：“班长管这事儿。”

我：“假如我是你们班的同学，如果我不愿意参加配对，可以吗？”

男孩：“可以的，不过没有女生不愿意的，她们都很愿意，倒是有些男生不愿意参加。”

我：“如果我是女生，我喜欢上了配对的这个男生，下一周我不愿意换，一直想和这个男生交往，可以吗？”

男孩：“可以的，你和班长说就可以了。”

我：“如果我喜欢这个男生，但他不喜欢我，下周他要求班长换人，那我就失恋了。”

男孩：“那没有办法，人家不愿意了嘛！不过你还可以再找的呀！”

我：“我想，那些失恋的同学会很痛苦吧？”

男孩：“不痛苦，他们一点也不痛苦。”

我：“我想如果我喜欢上一个人，但他又不喜欢我，我该怎么办呢？”

男孩：“我们班有失恋营，就是那些失恋的同学会聚集在一起。”

这让我大跌眼镜，忍住没有笑出来。

我：“失恋的同学聚在一起，他们抱头痛哭吗？”

男孩：“不会的，胡老师，他们才不会哭，他们会一起唱歌，唱《从头再来》。不过我没有失恋过。”

我：“有很多女孩喜欢你吧？”

男孩很得意地笑了。

男孩：“反正我收到过很多次情书，但我都啪哧啪哧了。”他做了个撕碎东西然后扔掉的动作。

我：“哦，看来你是个很有魅力的男士啊！”

男孩：“当然啊！”得意状。

我：“那你有女朋友了？”

男孩：“有的，我们一直在做朋友，没有换过。”

我："你们全班大部分同学都参加这样的配对恋爱，会不会影响学习成绩呢？"

男孩："我们班的学习成绩是年级最好的，第一名。"

我："看来你们把握得很好啊！"

男孩："我们班长说了不可以影响到学习成绩，那些上课不认真、破坏课堂纪律的同学是不可以谈恋爱的，成绩太差了也不招人喜欢的。"

我："你们的早恋情况父母和老师知道吗？"

男孩："他们是不可能知道的，哈哈。"

我很理解孩子为什么不让父母和老师了解这些。

我："好吧，你知道你们早练的底线在哪里吗？你们亲吻、拉手、拥抱，但身体接触的底线在哪里，你知道吗？"

男孩："不知道。"

我："底线是：不可以和女孩有更多的身体方面的接触，比如你们不可以相互摸对方的身体隐私部位，也不可以有性器官的接触。所以，你们尽量在公共场所聊天说话，不要在单独的房间里待很久。"

男孩："嗯，我知道了。"男孩认真严肃地点点头。

我："我还希望你能够把我的提醒告诉班长，把在公共场所谈恋爱作为班级恋爱的规则。"

男孩："可以。"

聊天在愉快的氛围中结束了。对于这个10岁多的男孩，我想他已经明白了我的意思，也懂得了在与异性交往的过程中要学会控制自己的行为，更了解了自己现在的情感状态，并能够理智地对待。对于青春期孩子与异性的情感问题，孩子们期盼着成年人的指导，但当孩子只能够从成年人这里获得否定和伤害的时候，他们会避开成年人，自己开始大胆进行尝试，这才是最危险的！

3.可以在公共场所亲吻吗？

儿子上五年级，前两天他告诉我，他在学校的楼道拐角处，看到他们班一个男同学和一个女同学在亲嘴。他看到后扭头就走，碰到另一个同班同学，同学也说看到了两人亲嘴。儿子问我这样做好不好。我回答："不好吧，在学习上会分心的。"我想知道要如何回答才能引导孩子正确看待这件事呢？

当孩子问父母这样的问题时，父母不要马上给出态度和解答，而要问孩子对这个事怎么看，通过了解孩子对同学之间亲吻的看法来了解孩子的价值观，然后，在此基础上来解答孩子的问题，这是一个很难得的教机。

父母在谈看法的时候，要遵守一个重要的原则：**不要破坏孩子对爱情美好的感觉。**案例中妈妈的回答让孩子认为：以后我喜欢上一个女孩也是不好的，这就破坏了爱情的美感。儿子提出的问题针对的是亲吻行为，妈妈的回答要从亲吻行为来回应，而不是针对两个孩子的爱情来进行回应。妈妈可以对孩子说：男同学跟女同学亲吻，是表达他们互相喜欢的一种方式，但是这种方式一般来说是隐私的行为，不要被别人看见为好，所以，他们不应该在公共场合亲嘴，让大家都看见。这样的回答可以引领孩子理解亲吻行为表达的意义是什么，亲吻行为的界限在哪里。

4. "我们不知道在恋爱时哪些事情不可以做"

在一次与孩子们的交流过程中，两个15岁的孩子手牵着手走过来，悄悄告诉我，他们需要和我单独聊一聊，这两个孩子相恋已经一年多了。我和他们离开其他人后来到一间房子里，我问他们我可以给予他们什么帮助。我们的对话如下：

孩子："胡老师，我们恋爱已经一年多了，想知道哪些事情是可以做的，哪些事情是不可以做的，你能够告诉我们吗？"

我："可以告诉我你们做过哪些事情吗？"

孩子："我们一起看过电影，也会亲吻，有的时候还会拥抱，但是，我们会很紧张，不知道哪些事情是不可以做的。"

我："好吧，我告诉你们不可以做的事情是发生性关系。"

孩子："你所说的性关系是指什么？"

我："我所说的性关系就是生殖器接触的行为。"

孩子："胡老师，你说的是性交吧。"

我："是的，你们不可以有性交行为。"

孩子："知道啦，胡老师，谢谢你！"

两个孩子的表情立即变得轻松起来，他们告诉我，一年来的恋情让他们有很多甜蜜的时刻，但他们常常为不清楚什么事情可以做、什么事情不可以做而感到苦恼，今天清楚了自己行为的底线，让他们心情很轻松。

同时我还告诉孩子们："青春期的冲动有时候难以控制，你们要尽量在公共场所交往，避免两人单独在一个房间相处的时间太长，要做对自己和对方都负责任的事情。"

孩子们告诉我，有一次两人去看电影，在电影院里看电影的时候，他们手拉着手，还会依偎在一起。突然，他们感觉自己座位后面有人在关注，也许是第六感觉吧，他们回头一看，是自己的父母在跟踪他们，这让他们更加不安。

我问他们是否问过父母两人交往的底线，孩子们说没有问过，父母知道他们在恋爱，但从来不主动与他们交流这件事。

"胡老师，其实我们有时候也很想有成年人来告诉我们恋爱交往的底线，不可以做的事情是什么，但是，我们很难得到成年人的帮助。"

孩子有权利享受爱情，但是他们也有责任管理好自己的冲动，学会对自己的行为负责任，这也是青春期孩子性发展的任务，对孩子的爱情教育就是要帮助孩子完成这样的发展任务。

第二节 帮助孩子将爱情变成上进的动力

在十多年的研究过程中，我接触了各个年龄阶段的孩子，他们在爱情中遭遇了种种困难，我在与他们的交流中，始终以积极正向的方式引导他们将爱情变成上进的动力。我们来看两个小故事：

故事一

在小学研究期间，我遇到一个六年级男孩，他喜欢班里的一个漂亮女孩。一天，他情绪不安地来到我的办公室："胡老师，我今天晚上不想去上晚自习了，我想在你的办公室，你可以跟我们老师说一下吗？"由于我在学校是做学生心理工作，教师们也很理解，所以他被允许可以不上晚自习了。

进入办公室后，他拿出了纸和笔："胡老师，我只是想在你的办公室写情书，可以吗？"我明白他不想我打搅："当然可以。"于是男孩开始埋头写，我做自己的事情。连续三个晚自习男孩都来我的办公室写情书，最后一个晚上终于写好了。男孩对我说："胡老师，我想请你帮我把情书交给那个女孩。""可是我不认识她啊！怎么交呢？""明天我指给你看吧。"

第二天课间操的时候，男孩让我看清楚了他喜欢的女孩，然后把情书递给我。

我说："这是你的情书，你得自己递给女孩，我不能够帮你。"

他："如果是我递给她，她不会接受的。"

我："为什么？"

他："因为她可能不喜欢我。"

我："你怎么知道她不喜欢你？"

他："我的学习成绩不太好，还有我经常在上课的时候捣乱，所以我觉得她不会喜欢我，但我很喜欢她。"

我了解这个男孩的情况，是那种经常被教师批评而且学业成绩很差的学生。

我："那你就把自己变得让女孩喜欢，比如你上课不要捣乱，认真做作业，把学习成绩提高。"

他："提高学习成绩是很难的一件事情，而且要很长时间，我想现在就让女孩知道我喜欢她。"

我："那你是否希望女孩也喜欢你呢？"

他："我当然想啊！"

我："这样吧，你自己把情书递给女孩吧，看看女孩说什么。"

男孩见无法说动我，只好拿着情书走了，我至今不知道他写了什么。

此后的三周，我都注意观察男孩，发现他经常站在女孩进教室要经过的楼道处，默默地等待女孩经过，但每次都没有把情书递交出去。三周后他来到我的办公室，告诉我他没有把情书交给女孩，“算了，还是等我变得好一点再说吧！”

让孩子来我的办公室写情书，我是希望孩子他处理自己情感的愿望可以获得支持，每个孩子的情感都应该得到成年人的尊重；让孩子自己去传递情书，我希望孩子明白的是，必须靠自己的勇气和智慧去争取自己想得到的，特别是男人，更应该为自己的所爱而不顾一切；我想让孩子通过这件事情对自己再次进行认知——我是一个怎样的人，我希望自己是一个怎样的人，当孩子发现现实中当下的自己与自己理想的自我有差距的时候，如何改变当下的自己，而朝着理想的自己努力，这是帮助孩子看清楚自己的教机，我得抓住！认识自己是认识世界的基石，成年人要做的最重要的一件事情就是帮助孩子认识自己。

故事二

有一次，我到一所国际高中为孩子们讲了一堂爱情课，这些孩子已经16岁左右，下课后，有个男孩找到我，诉说他的爱情烦恼。我听了他的诉说才知道，他对一个女孩产生了单相思。虽然他对女孩发动了攻势，但女孩对他不理不睬，这令他无限烦恼。男孩把手机拿出来，要我看一下他向女孩表白后女孩给他回复的短信，他把女孩的回复念出来给我听。我们有了以下的对话：

男孩：“胡老师，你说这个短信她想告诉我什么呢？”

我：“其实你很明白她想告诉你的意思，只是你不愿意接受，是吧？”

男孩：“我想她是不愿意答应我了。”

我：“就是这个意思，女孩很明确告诉你，她目前不考虑这个问题，要专心学习。”

男孩：“唉，我就知道她不喜欢我，但我喜欢她呀！”

我：“你认为她为什么不喜欢你呢？”

男孩大声地、激动地说：“她觉得我成绩不好，其实我什么都好，就是成绩不好！她为什么不看我其他的表现呢？！她为什么就喜欢成绩好的男生呢？！”

我差点笑出声来，忍住了。男孩在教室里来回走动，激动地挥舞着手中的矿泉水瓶，好可爱的样子！我想他今天终于找到一个他可以倾诉的成年人了，所以毫无顾忌地表达着他的情绪。我能够给他这样的安全氛围，让他尽情表达。

我：“她喜欢成绩好的，你要她喜欢你，你就要让自己的成绩好啊！可以和我谈谈你的学业成绩吗？”

男孩：“我的英语不好，所以影响到其他科目的学习，我的成绩在班里是倒数。”

我知道这所学校是国际学校，除了中文科目以外，全部学科都用英文教学，所以我理解他只要英文不好，基本是全军覆没！

我：“英文不好，当然要影响你的成绩，你自己知道这个，为什么不下点功夫呢？”

男孩：“太难了，胡老师，单词太难背了！”

我：“当我们想要获取我们想得到的东西，不努力就可以得到吗？这个道理你懂，我不多讲。”

男孩：“为什么她就不看我其他方面呢？”

我：“那是她的选择，你没有办法改变她的选择，只有改变自己。如果她真的对你那么重要，你为什么不想办法、下功夫，成为她喜欢的男孩呢？”

男孩：“我就是学不好英语啊！”

我：“你可以学不好，那你就放弃她，不要要求她喜欢你。”

男孩：“我就是喜欢她，怎么办？”

我：“那你就开始学好英语，只有这个办法，把学业成绩搞上去，成为班级优等生，让她注意你的变化。当然，这是一个很困难的过程，需要你坚持。”

男孩：“我可以试一试，但不一定成。”

我：“如果你想赢得她的心，你就只有这样做，而且要成功。如果你不想赢得她的心，你就放弃努力。选择权利在你这里，没有人能够帮你做到，只有你自己！”

结束了谈话后，我们没有再见面，我不知道这个孩子的现状如何，但我肯定这个过程中他依然需要得到成年人的帮助。如果帮助他的成年人能够为他提供足够的支持和引领，支持着他一步一步走下去，那么这个孩子就一定能够成为内心有力量、自信的男人！

第三节 成为孩子的爱情导师

我希望孩子们不再因为自己有了爱情而感觉自己不正常，或者压制自己的情感，或者对父母产生负罪感。我希望他们明白这是大自然赋予他们成长的权利，因为生命要获得完整的成长，就必须在相应的季节里经历爱情。从这样的愿望出发，我与孩子们一起交流他们在爱情中遭遇的困惑与痛苦。

以下这些信件来自到过我课堂的孩子们，他们的年龄在12~14岁。孩子们在一封封来信中，述说着他们青春早期爱情的困惑、迷茫与烦恼，表达着对成年人给予他们理解、尊重、引导的期望。在孩子们对爱情迷茫和困惑之时，如果有一位爱情导师引导他们走出迷茫，这对于他们的成长是一件幸事。我希望父母和教师看到和听到来自字里行间的孩子的心声！

来信一：

胡老师，您好！我今年12岁，是一名六年级学生。我们班上有个男同学写了一封情书给我，我看了以后就找了一个没人的角落把情书撕了。谁知班上已经有很多同学知道了这事，由于我不想引起更大的骚动，就明确地告诉他我不喜欢他。他听了我的话当场就在教室里大哭，但他还是不罢休，一如既往地追我。他的几个好朋友说我抛弃了他，还说我是陈世美，是负心人，他们让全班同学都来说服我做他的女朋友。我感到好大的压力，这样的事情我也不能够告诉妈妈和老师，马上要小升初考试了，他们一定会说我的。胡老师，我该怎么办？！

我的回信：

你好！首先要感谢你给予我的信任。在收到了男孩的信后，你做出了自己的决定，并且把这个决定告知了男孩，你的做法显示出了你有能力把握自己的想法，忠于自己的内心，这是你成熟的表现，为你感到高兴！

班级里同学们对你的评价与事实不相符合，陈世美是一个飞黄腾达后抛弃了与他曾经同甘共苦的妻子和孩子的人，他为了获得更大的利益做出了不道德的选择，而你不是这样的情况。你要清楚地告诉大家你与陈世美完全不同。所以，对于同学强加于你的道德负面评价你完全可以置之不理，同时，你内心要坚信自己处理这件事情的正确性！

在这件事情中，追求你的男孩在追求女孩方面才刚刚开始学习，用哭闹这样幼稚的方式给你施加压力，这也是他不成熟的表现，你可以原谅他。希望你尽快从这件事情中走出来，全心全力备战小升初考试，祝你考取好成绩！

来信二：

胡老师您好！我妈常说孩子18岁以前不懂爱情（也的确不懂），所以一定要远离早恋。而您告诉我们爱情是人生的一种经历，我想问：当我的爱情突然降临时，我应当接受，或者直接回绝，或者视情况而定？我们班有同学正在早恋，而我并不觉得这段恋情对他有好处。我该如何劝他才能在既不伤友谊的同时也不会失去他的信任呢？

我的回信：

你好！爱情是自己内心对某人产生的独一无二的情感，无论你是否已经准备好接受这份情感，它都会来到你的心里。每个人都不知道自己的爱情何时会来，不论是18岁前还是18岁后，要懂得爱情就需要先经历爱情。爱情带给人类的吸引力是巨大的，要想逃离很难，也很痛苦。当爱情突然降临的时候，我们只要坦然接纳，然后把握底线，就能够应对自如了。

当你为一个人心动时，你的爱情就降临了。此时，你有两种选择，一是接受这份情感，并在这份情感中经历她带来的体验：爱、幸福、快乐、紧张、孤独、寂寞、无以言表的感觉……这样的选择让你与自己的情感发展是统一和谐的。经历这份情感的洗礼，会让你的情感之杯注入前所未有的各种感受，让你变得丰富与成熟，这样的情感洗礼是你成长中的最美好的礼物。只是，在接受这份礼物的时候，你要知道如何把握自己的底线，不可以有性行为，要懂得保护自己不受伤害。第二种选择是压制这份恋情，这个选择让你的身心不能处于统一和谐的状态，同时也失去了体验丰富情感洗礼的机会。

至于另一个同学的早恋，重要的是你应该尊重他的情感，你可以与同学一起来讨论这段爱情给他带来了什么，相信他能够处理好自己的情感。而你不可以代替他来做出决定。

来信三：

胡老师：感谢您今天来上的这一堂课！我个人认为早恋并没有什么，只是一个人早晚都会有的经历。可老师、同学与家长似乎将此事看得太重，或许只是一段纯洁的友谊，在人们的眼里却是什么不正常的关系。这一点似乎阻碍着我，我也许只是想和一位男生成为朋友，但又不得不顾虑到此类问题。究竟怎样的关系叫作正常？过于顾虑是否又会疏远二人关系呢？

我的回信：

你好！你可以与男孩成为朋友关系，只要不要发生性行为，这样的关系就是正常的。进入青春期的孩子，心理发展会经历与异性有交往愿望这个过程，你目前正处在这个时期。目前，你纠结于是忠于自己的情感和内心，还是顾及周围人的做法，你可以做出一个选择。如果你选择忠于自己的内心和情感，就与你喜欢的这个男孩大大方方、理直气壮地交往；如果你选择顾及周围人的说法，就只好压制自己，失去一次成长的契机。

来信四：

胡老师：您好！听完了您讲的课之后，我大彻大悟了。我现在真的很欣赏一个女生，她端庄而美丽，认真且生活得十分自律与完整，她全面品质又好，一举一动都蕴含着丰富的内涵，不管是横看竖看都似一个艺术品，完美无瑕。我总是不停地想去欣赏她，且越赏越美。在喜欢之余，又有些嫉妒她的才华了，见她上课认真，爱干净，我想学她，内心真的十分矛盾。后来得知，她也在欣赏我，不久便互相告白了。您知道当时我的心情会有多么激动，晚上都睡不着觉了。但可悲的是，我们从此再难有话语，眼睛都不敢对视了，我们都是不敢面对生活的人。我也知道这种欣赏的感觉不会持久，但我坚信至少在初中生活阶段她是我见过的最优秀的女孩子了，可我不想我和她之间的关系一直这么冷淡。我知道这十分符合青春期的发展规律，我想知道您的想法，我们该怎么办？尽管她也是这么想的。您是我们内心的良师益友，希望你能帮助我。谢谢！

我的回信：

你好！其实，这样的“冷淡”是你们让自己“沸腾”的心暂时“冷却”。初次遭遇爱情让你们措手不及，不懂得该用怎样的方式来维系这样的情感，而这次恋情正是你们练习经营情感的时机。你可以试着找到你和女孩共同喜欢的游戏、电影、书籍等，然后就可以有共同的话题来交流，也可以一起做作业，一起谈天说地，或许，开始时你们都会紧张，慢慢就会自然起来。

来信五：

胡老师：您好！今天您讲到早恋与早练，早恋这个词常常被挂在家长的嘴边，常对我们说现在不要早恋！

其实，在我小学六年级的时候，也经历过这么一次美好的初恋。我们两家的关系很好，周末经常在一起玩。我们每天都以写信交换彼此的心情，其实，我们俩也就是再正常不过的交往了，连个手都没拉过。但我们的父母看见我们开心地在一起时，总是用一种怪异的眼光看我们，然后说一些让我们难受的话。后来，我们就只好偷偷出去玩。到初中后我们就分手了，做回了以前的朋友。我们从光明正大交往，到被家长说成早恋，就这么单纯的感情，却被大人说得让我们那么抬不起头来。为什么大人们把简单的事搞复杂化呢？为什么当我们和一个异性交往的时候，家长会想歪呢？而且，我们俩写的信，也被家长偷看了，心里很难受，认为他们不尊重我。

我的回信：

你好！在我们的文化下，你们两人的情感很难得到成年人的理解和尊重，所以，成年人的做法伤害了你们，这也是你们所经历的一种压力。现在，当你懂得自己的情感发展之后，你可以与Ta继续保持好朋友的关系。最重要的是，你们要保持情感中的界限，不可以发生性行为。

来信六：

胡老师，您好！今天听课后收获很大，想问一个问题，我每次喜欢一个男生，一旦追到他，然后他也喜欢我，我就不喜欢他了，怎么办？这样让自己和别人都很困扰，所以现在我即使对一个男生有感觉，也会尽量拒绝他的示好。请问有没有更好的解决办法？

我的回信：

你好！可能我不能够给你提供出具体的解决方法，但我可以引导你进行一些思考。喜欢一个人，得到之后又不喜欢了，这种情况已经发生不止一次，你需要对自己的情感进行一个整理。在一段情感中，先列出自己为什么喜欢这个男生，他有什么吸引你的地方，值得你去追求，或者促使你答应他的追求；当自己得到这段情感后，不喜欢对方的原因是什么，你发现了他身上的什么缺点才导致你不喜欢他的，把这些缺点写下来。如果对方身上真有你不可以忍受的缺点，你有足够的理由放弃这段情感。重要的是，想清楚自己为什么要放弃，不能够每次不喜欢对方都找不到理由。这个过程是你认识和了解异性的过程，需要你保持理性的清醒。

如果你不喜欢对方，并非对方身上有你不可以忍受的缺点，而是你自己得到情感满足后，需要寻求新的情感刺激，那么，你需要停下来，想清楚自己为什么不停地寻求新感情。另外，或许你内心有对亲密关系的恐惧感和不安全感，这样的感觉可能与你的家庭环境有关。必要的时候，你可以寻求心理咨询师的帮助。

来信七：

胡老师，你好！今天这节课上的内容确实反映了现在一些中学生正在面对的问题，也让我们正确认识到了“早恋”与“早练”之间的区别，纠正了以往的错误观念。“早练”并不是见不得人的事情，而是每个人成长中都必须经历的事，应该以平淡的心去面对。其次，我也知道了在爱情中应该保护对方，真诚地对待对方。

另外，我还是有一些问题不明白，现在几乎大多数早恋的中学生被父母知道以后，都会被强行阻止，如果我们“早练”了，我们应该告诉父母吗？或者应该瞒着父母？如果父母一直固执地认为“早练”就是“早恋”，那我们应该停止还是继续？

我的回信：

你好！是否将自己的恋情主动告诉父母，我认为要看你与父母建立的关系。如果你们的关系是以相互尊重为基础，你在父母面前可以自由地表达自己的思想和情感，父母也愿意倾听和理解，那么，你可以认为自己的父母是开明的，你可以主动向他们告知你的恋情。与开明的父母交流恋爱中的困惑，会得到父母的帮助，因为他们是经历过爱情的人，可以用自己的经验帮助你。

如果你的父母不是开明的父母，最好不要主动告诉他们你的恋情，这会给你自己带来很大的麻烦。然而，一旦你有了恋情，父母也容易发现，因为你一定会不自觉地表现出某些情绪和行为，让父母揣测到你有了恋情。如果父母主动与你交流这个问题，你要诚实地告诉父母。当然，他们不一定理解你的情感，你可以向他们讲明你对自己爱情的管理，表明不会耽误你的学业，你会安排好时间。然后，为了能够更好地帮助父母理解你，你可以推荐我的书给父母看。总之，尽可能地让父母理解你。

你在来信中提到，如果父母反对，是否停止恋情。我认为爱情一旦来到生命中，很难让其停止下来。如果你为了迎合父母的无理要求而背叛自己的内心，与恋人结束了形式上的交往，但内心情感却难以平静，这样的方式有自欺欺人之嫌，不可取。

来信八：

胡老师，今天听了您的课后，我改变了对很多事情的看法。之前我对性的看法是：恶心，黄色，未成年人不能想……但听了你的课之后，我发现性是很正常的，是我们应该了解的。以前我总是抱怨，为什么我和别人不一样，人家什么都好，我却什么都不行，现在我知道了，我的生命是“亿里挑一”的，是非常珍贵的。

妈妈常常告诉我："小孩子绝对不能早恋，一旦早恋就毁了。"所以我不敢早恋。但是，我这人有个弱点，我经常轻易地喜欢上一个男同学，男生一对我好，我就认为他是喜欢我，这常常让我苦恼。您有什么办法让我学会辨认吗？总之真的非常谢谢您，今天的课让我收获非常非常多，这为我的未来做了重要的铺垫。我希望我们可以成为朋友，我可以常常与您讨论这方面的问题吗？

我的回信：

你好！我们在课堂里讲了喜欢一个人的感觉是什么样的，如果你一想到这个男生，就心跳加速、脸红，害怕见到他，每天都想着他，那么，你就可以断定你是真的喜欢上这个人了。无论哪一个男生对你好，首先你要判断自己是否对这个男生有爱情的感觉，如果没有，就不用在这个男生身上花时间了；如果有，就利用好这个早练的机会，学会经营自己的爱情。所以，面对这么多喜欢你的男孩，重要的是你是否真心喜欢对方，不要因为"男孩喜欢我，所以我就喜欢他"。在面对喜欢你的男孩时，静下来听听自己内心的声音。这样你就知道该怎么做了。

来信九：

胡老师，今天听了您的课，不知道该说什么。难道青春期一定要经过爱情"练习"吗？不练习难道就不是一个完整的人了吗？您的观点还真是蛮奇特的。可惜，这个年代还没有几个人能跟上您的脚步，还是那句话——不是我不明白，这个世界变化快呀！太期待您与家长的对话了，那一定会是超酷的场景，简直就是针锋相对。您说呢？

我的回信：

你好！在我的课堂里，我强调的是：当爱情来到生命中的时候，我们要趁势练习经营爱情的能力；当我们没有遇上爱情的时候，不要强求自己的情感。当爱情已经来到我们生命中，我们却将其扼杀，既失去了早练的机会，也浪费了生命中本应该有的一段美好情感经历。当我们不经历情感练习，直接进入婚姻，将婚姻当成了练习，那么，婚姻中经营两性关系的能力缺乏，就会导致未来婚姻的危机。

我在课堂里从未说过没有经过爱情早练的生命就不完整。任何生命都是一个完整的过程，只是在这个完整的过程中，每个人的体验都不同，有的人体验了美好的爱情，有的人没有体验到，这就是生命的不同。

我已经在全国各地为家长们讲过很多场“孩子的爱情”主题讲座，家长们都被我呈现出来的孩子爱情的纯洁与美好深深打动，也开始反思自己对待孩子爱情的观念和方法。在我的讲座中，家长没有与我针锋相对，而是追忆自己曾经的爱情是如何遭到成年人的破坏，而今，他们沿袭着父辈的方式和理念，却在破坏着孩子的爱情。这样的反思会让家长开始重新审视自己的爱情观。家长也是有情感的人，他们与你们一样，也通情达理，当我的课堂能够感动你们时，也会感动家长；当我引领你们反思的时候，也会引领家长反思。这就是我工作的意义。

每一次为孩子们讲解“善解童贞——青春早期的爱情”后，孩子们都会有很多疑惑，也会提出很多问题。这些问题反映出了孩子们对正在经历的爱情的困惑，也反映出了他们急切地期望得到成年人的帮助和引领。

第四节 倾听孩子对爱情的心声

我在一些中学为孩子们讲课，课后，孩子们写下了对善解童贞课堂的感受。我希望父母和老师能够看到孩子们的心声，于是，将学生写下的这些感受整理出来。在这些感受中，我们能够看到和听到孩子们对于性健康教育的迫切需要。

1.孩子的自我成长与思考

感言1：我觉得老师讲得也挺对。早谈恋爱就是积累经验，但不要影响健康、心理、学习，也不要太过于沉醉，对于情感的事，也要自己把握好，学会比较好的处理方法。有时候自己处理不好，又会难受，他也难受，现在知道如果我们之间实在受不了，可以分开一段时间吧，也可以寻求心理师的帮助。谢谢老师！

感言2：胡导师：Long time no see!自从上周听说今天有这节课以后，心情就一直处于亢奋的阶段，我真的很期待导师您的课，上课时气氛之轻松，思维之活跃，总令我十分享受。

我曾经听说过，越是亲密的人就越难以分享秘密，人总是不愿意让别人完全了解自己，好像那样就会丧失了自己对周围人的吸引力，失去了所有的神秘感。开始时我承认我觉得这样的说法十分可笑，但逐渐，我从我的行为上、我的心里，时不时地滑过这些想法——不能让别人完全了解自己！

人是一个个独立存在的个体。或许这样的思想在大多数人看来十分叛逆，或是十分偏激。但，我理解中的婚姻，似乎一定得有些什么将两人绑在一起，而不可能仅仅凭借那虚无缥缈的所谓的爱情来维持。或许是因为我还未长大吧。总之，只愿能失却这些迷惘。最后，谢谢您！

感言3：早恋在我的脑海中一直都是贬义词。但现在我知道了，其实早恋并不是如此败坏风气，它只不过是一种过渡，但不能超越底线。其实，我的父母总是以要赚钱供我读书或其他种种理由婉拒我提出的一些周末建议（如：看电影）。我知道，父母是为我好，但我总感觉这样做不好。即使我的父母晚到不能再晚回家，我也没有办法或理由向他们说明，就只能间接提醒。今天我的心结解开了，但我还是希望胡老师能再对家长进行一些提醒。

感言4：其实很难去给早恋下定义，以前我觉得早恋不属于爱情。我也早恋，结果到头来发现就像儿戏，过家家。今天听了胡老师的课我才明白，这是一种很纯真的感情。我一直很困惑的是，我交过3个男朋友，只有第一个是真心付出、真心喜欢过的，剩下两个都是交往之前很喜欢，交往之后就烦了。我知道有很多人都觉得我在玩别人，可是这也不是我想的。而现在我在单相思，单相思的感觉很难受。

感言5：这节课真的很有用，或许是启示，或许是教导。曾经喜欢过她，但是被拒绝了，有些伤感，后来就好了，平静了。可能发现她真的不适合我，或者我不适合她吧。后来，另一个女孩主动要我向她表白，说如果表白她就答应我。今天听了这堂课，我想还是算了吧，毕竟我和她还没到那一步，没这个必要，做一对永远的朋友，互相鼓励学习吧。其实初中时的情感很纯真，我决定让这段美好的回忆留在彼此的心中。我想，如果我不喜欢她，但又向她表白，可能会伤害了彼此。也许最美丽的树，种子都埋得深吧。让彼此将来再去寻找真的幸福吧。这堂课，真的收获很大、很多。

感言6：我比较保守，喜欢她已经一年半了，因怕对她的学习、心理产生不好的影响，所以一直放在心中。我这个人自制力差，且懒，给她的情书都写好了，上面罗列了所有我意识到的坏习惯，最后一句话为："若您受不了这些坏习惯，请回绝我，以免对我们都造成不好的影响。"但至今还在完善中。不知是否能得到她的芳心，我不怕被拒绝，不想再花心思去喜欢另一个女孩，那样的确有点麻烦。如果她拒绝我，我就好好学习吧！胡老师，您的职业是很高尚的职业。谢谢老师！

感言7：老师你好，今天我的收获很大，我最感兴趣的是你对"早恋"的讲解。下课后，我们之中有一个女孩就想通了，打算勇敢地去面对自己的恋情。现在我们知道了我们不是坏孩子，爱情的早练是成长过程中的一段经历。在学校，我也有喜欢的男生。有一次，我妈妈好像发现我和某个男生在晚上发信息，其实我们也只是把对方当作好朋友来对待。但事后，妈妈有问起过我，我很紧张，应该说吓得快要死了！（呵呵，开个玩笑。）现在，上完课我很想找时间和我的妈妈聊聊，但又不敢。

感言8：毕竟我也没有经历过爱情，胡老师讲的只能算是我未来人生道路的铺垫。父母总是说，这个时间段的爱情是没有意义的，为什么要花时间呢？而且不以结婚为目的的爱情就是耍流氓嘛！所以一直让我感觉，现阶段的爱情既然是没有结果的，为什么要去经历呢？的确，也有点浪费时间。但是，听完胡老师的课后，我觉得我这个观念的确有点偏激了，忽然觉得有必要反思一下自己的价值观。毕竟花了时间去做的事情，虽然没有结果，但还是获得了一些经验，起码会让自己以后少走一点弯路。但是鱼和熊掌不可兼得，如果在学习和爱情之间，选择了爱情，毕竟是要付出一点代价的。选择学习还是爱情，关键看自己的选择标准。胡老师的这节课，给我们完美地诠释了爱情，是理智的一堂课。

2.孩子们对父母提出的期望

感言1：今天这堂关于早恋的课，我认为胡老师讲得非常好，并且你应该给我们的家长讲一讲。本来是同学间的友情，家长们硬说那是早恋，就像侦探一样跟在你身后，妄想找出一些蛛丝马迹来证明你在早恋。他们这样做，真的让人感觉很烦。

感言2：今天这节课让我受益很大，因为我一直不敢面对“早恋”这个问题，总是逃避。但今天，我改变了我的想法。有时候，我跟异性同学玩得稍好一些，家长也不知道从哪儿得到的消息，天天说我与这个同学早恋。有时候我都不清楚自己与这个同学到底是不是在恋爱，总在想我到底喜不喜欢他。今天，我终于知道如何去面对早恋或喜欢的对象了。我真心地希望胡老师能跟我们的父母聊一聊。现在，父母都不让我和同学玩了，家长总是认为我们有一些不好的关系，如果我与异性同学一起外出玩耍，比如看场电影，他们就会跟踪，这让我很愤怒！

感言3：我妈告诉我："早恋不会有结果，干吗要把时间花在没有结果的事情上呢！"如果老师和家长任何一方发现你有早恋倾向，你无论是故意还是不小心做错事情，在教训你的时候都会扯到这件事上，比如："因为你早恋，你学坏了，作业才会做错……"今天，我还懂得了嘲讽早恋的同学对他们是一种伤害。

感言4：我认为今天的课除了讲给学生听，更应该讲给家长和老师听。因为大部分家长和老师对早恋的看法都有所扭曲，认为早恋就是错误的，而且老师和家长一旦看到有男女同学单独在一起说话，就会开始产生一系列的联想，把整个事情都给想歪了。家长一旦看到自己的孩子跟其他异性同学打电话或者聊QQ，就会开始观察，出门也要跟踪，还去问老师和其他同学两人在学校的举动，通过侧面渠道去了解。有些同学完全没有早恋的意思，却被挂上了"早恋"的名号。我曾经听过某些同学说，老师将班里早恋同学的名字用校讯通发给所有家长，让全班每个同学的家长都监视那几个早恋的同学。我认为这样的行为很不恰当，不仅暴露了那些同学的隐私，还对他们的情感很不尊重。为什么有些家长发现有异性打电话到家中，就会经常开玩笑地问我们是不是有男女朋友了？他们是怎样的心态呢？

感言5：父母对我的干涉，我十分反感。有时异性同学打电话问我一些学校的事，或同学一起组织集体活动，或看电影，或出去玩，妈妈总是会问谁啊谁啊。男女之间的友谊总会被邪恶的家长邪恶化。可是想要解释却总开不了口，或不知该怎么说。我妈说："你是一个阳光的初中女生！你这个年龄段不该这样，看看其他人多阳光！blablabla……"气死人啊！希望老师能解救我们。再次感谢您的课程！

3.孩子们对教师提出的期望

感言1：上完这次课，对心中曾经疑惑的问题有了明确的答案。我很喜欢胡老师讲课的方式，这样的方式使我在听课的同时既不感到无聊，也没有任何的抵触心理，反而能在不知不觉中将脑海中的疑惑解开了。胡老师也不同于其他老师，一般老师都会反对早恋，对男女之间的关系过于敏感，而胡老师是抱着一种不鼓励也不反对的态度，还告诉我们什么是可以做的，什么是底线，不死板，也容易接受。我们的班主任，我觉得过于死板和不理解我们，她甚至不让男生与女生一起学习与活动，希望胡老师能够与她沟通。

感言2：这节课让我们感受到许多共鸣，有很多内容是我以前就想过的，这节课胡老师帮我把很多脑子里零碎的概念串联起来，更清晰更具体了。我一直认为早恋只要不影响学习，不越过底线就行，但我们学校的老师却不那么想。能够找到认同自己的人感觉很好。希望胡都是也能给家长和老师都上一课，让他们能够明白这些道理。

第五节
为成年人的困惑支招

“妙龄少女哪个不怀春？青春男子哪个不多情？”这是歌德对青春期孩子爱情的写照。青春期孩子或许已经开始了自己的恋情，无论是单相思还是已经表白的孩子，他们的情感正在经历酸甜苦辣的阶段。当孩子遇上爱情后，很多父母对如何应对孩子爱情感到困惑。在这个章节里，我们将结合案例来探讨成年人应对孩子爱情的正确方法。

招数1：尊重孩子的隐私才能够获得孩子的信任

儿子已经是一个14岁的小伙子了，平时我只注重孩子的生活和学习，没太注重孩子青春期性方面的教育。前段时间，我在孩子书包里看到了他给一个女孩写的情书。我找到了孩子的班主任老师，老师跟孩子聊了这件事情。虽然当时我告诉老师不要把我说的情书事情告诉孩子，但我感觉班主任还是把事情告诉了儿子。前段时间我与儿子谈到早恋的话题，他也愿意与我交流，自从班主任找他谈话后，他开始逃避和我谈这样的话题。我现在不知道他心里到底在想什么。我该怎么办呢？

案例中的妈妈不懂得孩子的恋情是孩子的绝对隐私，在没有征得孩子同意的情况下，妈妈擅自将男孩的隐私透露给了班主任，等于将孩子隐秘的恋情大白于天下。这是不尊重孩子隐私的行为，会让孩子抛弃对妈妈的信任，不愿意与妈妈交流。无论班主任的谈话是否尊重了男孩的情感，妈妈的做法已经严重伤害了男孩的自尊。

如果父母想保持与孩子良好的沟通关系，首先要懂得尊重孩子的隐私权。由此，我们给妈妈的建议是：**要想了解男孩内心的想法，需要重新获得儿子的信任**，第一，妈妈需要主动向男孩说明自己犯下的错误，请求孩子原谅自己的行为；第二，妈妈可以向孩子表达自己对他的关心。在经历一段时间的重建亲子关系之后，妈妈可以进一步与儿子交流恋情的话题，并向儿子保证不会外传。

招数2：坦然地与孩子交流

儿子13岁，上初一。从小到大他都喜欢品学兼优的女孩，小的时候就不停地换喜欢的女孩。上个星期我在他书包里发现一个女娃娃戴的手串，崭新的，也不知道他是自己买来准备送人的还是女孩送给他的。我是该和他谈谈呢，还是装作不知情？

遇到这种情况，家长首先不该自己去做猜测，而是应该坦然地与孩子交流。当然，孩子已经13岁了，父母在决定是否与孩子直接交流这个问题之前，要审视一下自己与孩子的关系：孩子是否足够信任自己？孩子是否愿意与自己交流这件事情？如果直接与孩子交流，可能会出现的结果是什么？如何应对这些结果？将这些问题想清楚后，再决定是否与孩子进行交流。父母如果决定与孩子交流，就要真诚坦然；如果觉得自己没有准备好，可以继续观察孩子的情感状态，等做好了准备之后，再与孩子开诚布公地谈。

招数3：不要给孩子施加压力

我是一个14岁女孩的母亲，发现女儿恋爱了，好像还深陷感情的泥潭。最近我偶然看了她的手机，发现有时晚上11点多还在和男生发短信说亲爱的。上网的次数也多了，上街购物也是不停地发短信，星期天作业写完总是待在房间不出来，连最喜欢的钢琴也不弹了，也不愿和父母去运动，好像活在一个非常自我的世界里。曾经和她谈过早恋的问题，她哭了，说我只看到她的缺点，看不到她的优点。女儿成绩很好，各方面都表现不错，后来她说已经与男友分手了，让我以后不要与她再谈这个问题。我不知该怎么办才好。

父母在与孩子谈及恋情的时候，要从理解和尊重的角度来谈。如果我是这个女孩的妈妈，我会选择在一个女儿心情不错的时间，与她聊天，聊天过程中我会说：“妈妈在你这个年龄的时候，曾经喜欢过一个男孩，他会弹吉他，会唱歌，我特别喜欢听他唱歌……”从妈妈自身的经历来聊起这个话题，会让孩子意识到：“原来妈妈也有过这样的情感经历。”这样，孩子会认为父母能够理解自己当下的情感和心理，才愿意与父母敞开心扉，这是搭建与孩子交流的桥梁的过程。要注意的一点就是，妈妈所谈的自身经历一定是真实的，每一个人都有自己真实的一次恋爱经历，与孩子交流自己的经历，会给予孩子一个暗示：**我可以用**

经验来帮助你，在你遇到任何烦恼的时候，我能够理解你。在这个案例中，我们看到妈妈与女儿的谈话没有被女儿接纳，原因是妈妈没有尊重孩子的情感，将孩子的恋情当成孩子犯下的错误，给女儿带来了极大的心理压力。仅此一点，妈妈就会被女儿拒绝在心门之外了。

招数4：教会孩子尊重和珍惜他人的情感

儿子11岁，上小学五年级，同班的一个女生给儿子写了一封情书："我爱你，想和你结婚。"情书上还画了一男一女牵手走进婚房。后来情书被老师看到了，追究的时候，这个女生不承认是她写的，老师后来在班级里提醒大家不要写情书。可是，儿子觉得被一个学习不好的人喜欢，收到这种没水平的情书，很不高兴，这两天一直纠结于这件事情。我该怎么办呢?

11岁的男孩内心有自己选择女友的标准，但他还不懂得要尊重和珍惜他人对自己的爱慕之情，这是这个年龄阶段孩子的心智发展所决定的。妈妈要抓住这个教育的契机，告诉儿子："每一份情感都应该得到尊重，无论这份情感来自成绩好的女孩，还是来自成绩不好的女孩。因为，这个女孩对你的喜欢是真诚的，她勇敢地表达了自己对你的喜欢之情，这需要令人敬佩的勇气。你可以告诉她你不喜欢她，拒绝这份情感，但不可以蔑视这份情感；对这个女孩，你要心怀感恩之心。"

招数5：帮助孩子学会管理时间

案例一：

女儿12岁，几天前我偷看了女儿的日记，发现她在日记里写喜欢班里一个男孩，而且她正在追求这个男孩。女儿即将小学毕业，面临考初中的关键时候，我不希望她这个时候分心，影响学业成绩。想与女儿谈谈这件事情，但我又不想让她知道我看了她的日记。我该怎么跟她谈呢？

既然不想让孩子知道妈妈看了她的日记，妈妈就需要从日常观察中获得女儿追求男孩的信息，当然这需要一些时间，这个过程也需要妈妈的耐心。对于孩子即将考初中的问题，妈妈可以为孩子提出时间管理的建议。在这个建议中，包括上课的时间要认真听课，作业的时间要认真作业，与家人在一起的时间要与父母在一起……除了这些时间规划之外，一定要给孩子留出一段自由安排的时间。妈妈心里明白这段自由时间就是给女儿“思念”男孩的时间，女儿可以写日记、发呆、想念男孩，这段时间可以是在晚上的一个时段。当孩子有了这段自由的时间，就不会在上课、作业、吃饭等时间分散更多的心思。一段时间后，孩子就学会如何管理自己的时间了。

孩子应对躁动的爱情时，在时间、精力、情绪和学业方面的管理就会出现问题，比如晚上花费大量的时间发短信，学业考试分数下降，情绪不稳定等。这些现象在孩子遭遇爱情的初期大都会出现。如果能够获得成年人的指导和帮助，孩子就能够慢慢平静下来，合理安排时间和精力。调整好自己学业与情感的平衡是孩子进一步发展自我管理能力的契机。

案例二：

儿子已经17岁了，上高中一年级，最近两个月喜欢上了一个同班女同学，儿子的学习成绩直线下降，老想着用手机QQ聊天，不让他用手机他就借同学的。我告诉他要以学习为主，讲了很多道理。他说能听懂我说的话，但是就是控制不了自己不去想那个女生。这样下去学习就荒废了，我该怎么办？

对于17岁孩子的恋情，父母不可以粗暴阻止，控制手机的方式是不可取的，讲道理阻止孩子的恋情也是不可取的。在尊重孩子爱情的基础上，教会孩子管理自己的时间，让孩子懂得分配好自己的时间，才能够让孩子在这段爱情中有所成长。

招数6：为孩子建立参加异性群体活动的规则

胡老师您好！我的女儿今年13岁，暑期要去参加一个为期10天的夏令营活动，这个夏令营有男孩也有女孩，年龄也都与女儿差不多。女儿已经有了青春期身体发育的迹象，也喜欢与男孩一起玩。因为夏令营只有老师管理，我们家长不参加，我现在很担心女儿在夏令营期间与男孩的相处，但又不知道该如何与女儿讲这些问题。请您给我一些建议，谢谢！

在青春早期的孩子喜欢参加有异性参与的集体活动，这是青春早期孩子心理发展的正常过程，父母要以积极的态度来支持孩子参加有异性参与的集体活动。每一次孩子参加有异性的集体活动时，父母需要认真了解孩子活动的时间、地点、参加人员、活动的内容、组织者的联系方式等，同时，要告知孩子参加集体活动的规则：衣着不可以太暴露，行为要端庄，符合学生身份；不可以在公开场所大声谈论性的话题，参加活动时不可以与异性同学脱离集体单独活动；如果有意外发生要寻求帮助等。最重要的是，要相信孩子会处理好这些问题。

招数7：帮助孩子应对爱情中的烦恼

女儿14岁，上初二，有一天，她告诉我有几个男生都在追求她，她感到高兴的同时也很苦恼。其中有个男孩因为喜欢上了她，就与女友分手了，致使那个女生很恨她，见到她就会骂她。女儿知道目前自己不应该谈恋爱，拒绝了男生们的追求，但她喜欢被男孩追求的这种感觉，当男孩子送她一些小礼物时，她觉得很甜蜜，很开心，很幸福。她告诉我，上小学的时候，她的一位好朋友被男孩追求，那个女孩总是很自豪，她那时就很羡慕朋友。现在她把自己有男孩追的事情告诉好朋友时，得到的却是冷嘲热讽，这让她很苦恼。面对女儿现在的情况，我该怎么做呢？

女孩在这个年龄的情感中，遇到了几个烦恼。第一个烦恼是有了情敌，而且情敌见到她就会骂她，女孩不知道该如何应对；第二个烦恼是内心所想与行为分裂，女孩内心喜欢被男孩追求的感觉，但又告诫自己不可以恋爱，导致孩子心里所想与行为不一致；第三个烦恼是没有自己喜欢的男孩；第四个烦恼是被好友妒忌。父母要清醒地看到孩子目前的状态，然后引导孩子应对这些烦恼产生出的压力。

还有就是父母要与女儿确认她自己是否有喜欢的男孩。如果没有，就要坚持拒绝其他男孩的追求，包括拒绝其他男孩的礼物；如果不喜欢别人，却收了别人的礼物，会让别人误以为她是喜欢他的，导致误解。如果女孩有喜欢的男孩，男孩也是众多追求者之一，那么，女孩应该清晰地告诉这个男孩，接受他的追求。这样的做法让女孩内心所想与行为合一，同时也能够避免树立太多的情敌，也能够减少好朋友的嫉妒之心。

招数8：正确应对孩子提出的性交话题

女儿11岁，昨晚陪她睡觉时，她突然跟我讲起做爱（那个词是用我们当地方言表述的，当时给我很恶心的感觉），女儿说知道那是怎么回事，太肮脏了。这些是一个女同学悄悄告诉女儿的，女同学又是听另一个见过爸妈做爱的同学讲的。那个女同学还跟女儿讲，她的爸妈都看过黄碟。我当时都蒙了，不知该对女儿讲什么才好。女儿现在也有喜欢的男孩，我很担心女儿会与男孩做出不该做的事情。我该阻止女儿的恋情吗？

有的时候，父母还没有做好准备，孩子就率先与父母谈及了性交的话题，让父母措手不及，不知道如何应对。给妈妈的建议如下：妈妈应该对11岁的女儿进行性教育，除了传授相关的性知识内容，还要让女儿懂得性行为的后果；妈妈在与女儿的交流中要传递健康的性价值观，让女儿明白相爱的成年人之间的性关系是美好的、幸福的，不是肮脏的；同时让女儿明白父母之间的性爱是隐私，不可以向外人传播，在同学之间传播父母的性生活，这是对父母的不尊重。

很多父母在孩子有了恋情后，最为担心的就是孩子与爱恋对象发生性行为，特别是女孩的父母更加担忧。父母如果仅仅出于担忧，而对孩子回避这个话题，不与孩子交流，那么，孩子将不能够获得帮助。如果父母想通过阻止孩子的恋情来达到解除自己担忧的目的，可能会让孩子的恋情更加“坚固”。智慧的父母是直面孩子的恋情，告诉孩子恋爱中的底线。

招数9：孩子问什么就答什么

女儿13岁了，我非常重视孩子的性教育，我已经跟孩子讲过男性和女性的生理构造、怎么防范性侵犯、青春期身体会发生的变化。随着她阅读范围的扩大，她会提到性方面的问题，比如说：“妓女是干什么的？”要回答她的问题就避不开讲解性交，我不知道怎么跟她讲性交，怕讲不好起到反作用，把本来美好的东西讲得庸俗化。

对于性交这个话题，如果13岁的孩子主动向父母提出来并问父母：“什么是性交？”父母可以简单地回答：“就是男人与女人生殖器的接触。”如果孩子继续问：“生殖器如何接触？”父母可以回答：“阴茎与阴道接触。”同时，父母可以用一些相关书籍为女儿讲解基本的性生理知识，也可以介入一些男女两性的情感，帮助女儿解除困惑。孩子不主动提及“性交”的问题时，父母不要主动为孩子讲解。在讲解性交的时候，尽量不要用“插入”“做爱”等成年人用语，这样对女儿解释就不会落入庸俗化了。

孩子问：“妓女是干什么的？”父母可以回答：“妓女是指以获得男性的金钱和物质报酬为目的，与男性发生性关系的女子，这一类女子被称为妓女。”在为孩子解释这类问题的时候，尽量围绕孩子的问题进行直接解释，不要在答案中增添更多孩子不能够理解的词语。

如果孩子进一步问：“为什么这些女子会做这样的事情？”父母则要根据自己对妓女文化史的了解来与孩子交流。所以，在孩子提出这类问题后，父母要充实自己的文化知识，从文化的角度及高度与孩子交流。

招数10：帮助孩子理清性行为的后果

案例一：

17 岁的女儿谈恋爱了，作为妈妈，我给她设定的唯一底线是不能有性行为。女儿反问我：“为什么可以谈恋爱，但不可以有性行为？”父母怎样回应？

首先，父母与孩子交流这个话题的时候，要保持平和的心态，不要感到紧张和焦虑。孩子长大了，不论是男孩还是女孩，遇到这个问题父母都应该与孩子直面交流，这是作为父母的基本职责，是对孩子成长负责任的表现。

其次，在与孩子谈及“性行为”这三个字的时候，父母需要对孩子说明什么样的行为是“性行为”。在这段谈话中，妈妈所说的“性行为”可能与女儿所理解的“性行为”不是同一个行为，妈妈应该给女儿表达清楚她所指的性行为是“性交”。如果不表达清楚，女儿可能理解性行为就是亲吻和拥抱，由此，女儿就会发出“可以谈恋爱，为什么不可以有性行为”这样的疑问。

第三，在妈妈与女儿对性行为达成一致认识的情况下，妈妈要将性行为发生的后果告知女儿——怀孕、堕胎、身体的伤害、心理的伤害等。未成年人没有能力对自己的性行为负起责任，所以，未成年不可以发生性行为。在这个环节，妈妈可以与女儿一起，用一张纸列出发生性行为带来的好处和不好之处，这样会让女儿学会清晰地辨别发生性行为的后果是什么，以及自己是否能够承担这些后果。

第四，妈妈还应该告诉女儿，成年人的性行为应该是两情相悦，任何一方都不可以强迫另一方；双方都要有安全性行为的意识，要有自我保护措施，防止性病与艾滋病的传播；不可以将性行为视为儿戏，性行为应该是情到深处的自然表现。在孩子成年之前，父母要帮助孩子建构起健康开明的性价值观，让孩子懂得珍惜情感，懂得保护自己。

案例二：

女儿17岁，高二学生，成绩中上，平时在校住宿，只有周末才回家。今天我在帮她收拾房间的时候，从她的背包里看到了一个避孕套，孩子平时也挺懂事的。我该怎么办？

17岁孩子已经进入青春期的中后期，这段时期的孩子，性欲望与爱的情感交织成为一种“混乱”的状态，由此，这段时期的爱情非常容易突破底线。案例中的女孩平日住校，周末才回家，父母或许没有发现女儿到底有没有恋情，只是发现了女儿背包里的避孕套。妈妈需要在平静的心态下与女儿进行交流。如果母亲与女儿一直以来都可以坦然地交流性话题，那么，这次针对避孕套的话题就有了一个交流的基础，妈妈可以直接与女儿谈及背包里的避孕套。

母亲可以直接与孩子交流：“我在收拾你的背包时，看到你背包里有一个避孕套，可以和我说说这件事情吗？”在与女儿的交流中，母亲要给女儿强调三点：第一，未成年之前不可以发生性行为；第二，如果发生性行为，一定要保护好自己，不可以被传染上艾滋病和性病，不可以怀孕，因为这些问题会给身体健康带来极大的伤害；第三，做对自己负责任的事情。如果父母认为自己与孩子交流这个话题的能力不足，可以寻求专业人士的帮助。

如果母女之间很少交流青春期情感和性话题，那么，针对背包里避孕套的话题就没有基础；这时如果母亲直接提出这个话题，可能遭到女儿的拒绝。所以，父母需要在孩子成长的过程中关注孩子的性成长，平日里有与孩子进行性话题的交流，才能够为交流任何性话题奠定基础。

第六节 如何应对孩子发生性行为

进入青春期之后的孩子，其情感由单纯的爱意，逐渐发展到对两性性活动的渴望。由此，青春中期和后期的爱情加入了性冲动的元素，这是生命发展的正常节律，因为人类物种繁衍的年龄到了。对于青春中期的孩子来说，大多数的孩子对爱情还停留在“不愿意因为性而亵渎情”的层面，他们追求着一份高贵的情感，享受着这份情感带来的甜蜜。当他们身体产生了性冲动的时候，多以自体性行为（手淫）来宣泄性压力，调整身心平衡。

曾经，一位16岁的男孩与我谈到他对爱情与性的纠结，他告诉我：“我很喜欢这个女孩，有时候会对她有一种性的冲动。但每当有这种想法的时候，我都会觉得自己不好，我不可以破坏如此纯洁美好的情感，我不愿意因为自己的性满足而玷污了这段情感。并且，我也想保持这段美好纯洁的情感，我担心一旦发生了性行为，我们的情感就不美好了。”我问：“每当你有这种性冲动的时候，如何处理？”他很直接地告诉我：“我自己解决，你知道我说的意思。”我当然明白他是指手淫。

这是爱情与性交织的一个过程，体现了青春中期孩子的性心理发展特点，也是孩子情与性的一个混乱时期。走在这个十字路口，要么继续维持着这份情感的纯洁性，要么放任自己与喜欢的异性发生性行为。无论如何，孩子会做出自己的选择。孩子做出怎样的选择，依赖于孩子从小成长起来的自控能力、管理自己的能力、责任感等人格基础。

青春期孩子发生性行为的原因有：第一，对性冲动的控制力发展不成熟，在情与性的交织中选择了发生性行为；第二，受当下影视传媒的误导，影视情节中相爱的人总是很快就有了亲吻、拥抱甚至床戏，误导青春期孩子认为爱情是用性行为来表达的情感；第三，爱情教育的缺失，没有修筑防“洪水”的堤坝，青春期孩子不知道在爱情中应该守住的底线，由此，在模棱两可中尝试性活动；第四，部分青春期的孩子会认为只有发生了性行为，才会保住已经有了的爱情，面对对方提出的性要求，担心拒绝对方会伤及爱情，因此企图用性来维系两人之间的情感。

成年人应对孩子性行为的原则：宽容与理解孩子的行为；在处理孩子性行为问题的时候，要将保护孩子的尊严放在第一位；帮助孩子解决已经发生了的问题；不可以责骂和羞辱孩子，责骂与羞辱只会给孩子带来耻辱感和低自尊。

1.性教育要帮助青春期孩子建立3道防火墙

对于青春中后期的孩子，性教育的一个重要内容就是帮助孩子筑建3道防火墙：

第一道防火墙是男孩和女孩都要保持自己的贞洁。双方都要控制自己的性冲动，未成年之前不可以与异性发生性关系，要对自己的行为负责任。

第二道防火墙是安全的性行为。如果不能够做到保持贞洁，那么，在发生性行为之前，双方要对身体进行艾滋病、性病和其他传染性疾病的检查，确定双方的身体健康状况，保证性行为的安全。另外，发生性行为时使用避孕套，防止怀孕和性病、艾滋病的传播。

第三道防火墙是挽救行为。如果双方在不明确对方身体是否有传染病的情况下发生了性行为，或在发生性行为时没有使用安全套，性行为后要注意观察自己身体发生的变化，及时到医院检查和治疗。

然而，我们教育体系中性教育的缺失，导致了青春期孩子对性的无知和无畏，带来了许多家庭和个人的悲剧。

曾经有两个13岁的孩子（他们是同学）发生了性行为，后来女孩怀孕了。女孩的父母带着孩子去男孩家商量怎么解决。结果男孩站出来，拍着胸脯说：“这个事情我全权负责。”事实上，他根本不知道“责任”是什么，不知道对这个女孩要负什么责，他以为“我爸爸拿点儿钱带女孩去做手术”就是对女孩全权负责了。

我告诉男孩：“你知不知道，做完手术后这个女孩可能以后再也不能生育了，她可能以后再也不能够做妈妈了，这个责任你能负担得起吗？”

他：“我没想过。”

我：“你知道这个女孩做了这个手术后，她的身体健康会受到很大的影响，这个责任你担当得起吗？”

他：“我不知道有这样的责任。”

我：“怀孕、做人工流产手术，这些对于女孩的父母来说，他们心理上受的伤害你知道吗？还有，这个女孩心理上受的伤害你知道吗？”

他：“不知道……”

13岁的孩子已经进入青春早期，在这个案例中，我们看到了教育的缺失。对于这两个13岁的孩子来说，第一道防火墙都还没有建立起来。同时我们还看到了父母处理这件事情是缺乏智慧的。

2.父母应该反思家庭教育的缺失

我们来看这样一个案例：16岁的初中毕业生M，在与同学的交流中了解到了自家所住的小区周围一些“发廊”可以提供性服务，这些同学还绘声绘色地讲述了自己接受性服务的过程和感觉，还告知了M每种不同的服务有不同的价格，引起了M极大的好奇心。由于中考后放假在家，无所事事的M便在自己小区转悠并发现了这样的“发廊”。终于有一天M带着过年所得的压岁钱踏进了这家“发廊”，并接受了性服务。几天后，M发现自己下身红肿、水泡、溃烂，不敢告诉父母，直到下身溃烂越来越厉害，他才将事情告诉了父亲。父亲愤怒之下通过媒体将发廊曝光，然后带着儿子到外地治疗。

在M的成长过程中，性教育一直是处于缺失的状态，当青春期的孩子以无知者无畏的姿态尝试性行为，这才是最危险的！对于16岁的M来说，如果父母或学校通过性教育帮助他建立起了第一道防火墙，那么，M在听到同学的信息后，会主动拒绝这类信息，更不会采取行动。如果M懂得发生性行为的后果，但还是控制不住去发廊接受性服务，他应该采用第二道防火墙，保护自己的健康。现在，M被传染上了性病，出现了症状，他更不知道要采用第三道防火墙，及时治疗自己身体的病症。可以说，M基本上是在一种无知的状态下发生了性行为，他并不清楚自己这个行为的后果，以及如何预防这些后果。M的无知，更多的责任应该由父母和学校教育来承担，而不是由发廊来承担。然而在事情发生后，M的父母没有首先反思自己对孩子教育的缺失，而是将责任推卸给了发廊。

3.保护好孩子的尊严

曾经看到过一个故事：女儿12岁，与同班男孩发生性关系后怀孕了，妈妈知道这件事情后没有打骂女儿，而是深深地自责没有对女儿尽到教育的责任。之后，妈妈对所有的家人隐瞒了女儿的事情，孩子的父亲也不知道这件事情。然后妈妈借口带女儿到外地旅游，为女儿向学校请了假。来到一个陌生的城市后，妈妈带女儿到医院做了人工流产手术，并精心照顾女儿，女儿身体恢复后，母女俩才回到家里。期间，妈妈与女儿交流了保护自己的隐私，不可以与男性发生性关系的话题。女儿读懂了妈妈的良苦用心，她告诉妈妈，自己以后再也不会做这样的傻事了。这件事情成了妈妈和女儿共同的秘密。

在这个故事中，妈妈接纳了女儿的“错误”，保护了女儿的尊严，帮助女儿及时处理了面临的问题，获得了女儿的尊重和信任。同时，妈妈也意识到了自己在女儿成长中应该尽到的责任，通过这件事情弥补了自己的失职。虽然有些亡羊补牢，但妈妈的做法避免了女儿受到舆论和世俗的伤害。

4.父亲在男孩的性教育中不可以缺位

案例一：

儿子15岁了，前几天我在他的QQ里发现他和女孩子在讨论怀孕的事情，但从聊天内容看，儿子摸了女孩的下身，还有说到自己射精了。现在的孩子觉得自己什么都明白，根本听不进家长的话。如果孩子发生了性行为，我该如何引导儿子呢？

案例二：

儿子15岁，今年刚中考完，他和班里的一个女孩恋爱了，而且关系很亲密，有搂抱的现象。女孩的高中第一志愿学校与儿子选择的学校一样。害怕、焦虑、担心他们发生性行为是我现在的心情。我该怎么办？

当15岁的男孩已经开始与异性有了亲密行为，父亲应该与儿子进行一次深刻交流，母亲最好不要替代这个工作，除非孩子很难见到父亲，或者父亲完全不能够承担起这份教育责任。当妈妈发现儿子的情况后，可以与孩子的爸爸商量，由爸爸与儿子来讨论这个问题。

爸爸在与儿子讨论时，要让儿子感觉到爸爸的真诚，爸爸要告知儿子与女孩发生性行为的后果。对于青春期中期的男孩来说，父亲的教育尤其重要，父亲可以借助自己的亲身经历与孩子讨论青春期恋情，为孩子输入爱情的审美和责任感。这是男人与男人的对话，会让男孩感觉到自己的成熟与长大。如果父亲觉得自己不能够胜任这次谈话，可以寻求专业人士的帮助。

针对案例一的情况，父亲在与儿子谈话前，要进行充分的准备，不要谈及孩子的QQ聊天内容，否则孩子会认为父母偷窥自己的秘密；父亲要告知孩子谈恋爱时应该遵守的底线；父亲要让儿子懂得爱护好女孩。父亲与儿子交流的方式一定要温和而坚定。要很好地完成与青春期孩子的谈话，不是一件容易的事情，需要父母的教育智慧和与孩子建构起来的良好亲子沟通关系。

针对案例二的情况，父亲重点要与儿子谈性行为界限的问题，告诉孩子不可以在公共场所与女孩搂抱，也不能够与女孩单独在房间待得太久，不利于孩子控制自己的性冲动。面对青春期的孩子，父母还要引导孩子看一些高雅的爱情小说，比如一些描写爱情的世界名著，提升孩子的爱情审美力。

5.成年人应对孩子发生性行为的基本原则

曾经一位教师告诉我，在一所小学里，六年级的一个女孩怀孕了。当班里同学知道这件事情后，全班同学把自己的零花钱拿出来，凑钱给她去做人工流产手术，并且自发地组织起来，分工合作轮流照顾女孩，每天都有一个同学带鸡汤到学校给女孩喝。这件事情过去很久以后才被学校和女孩的父母知道。

我非常理解孩子们为什么这样做，他们害怕被父母知道后，女孩会遭到一顿羞辱或者暴打；他们害怕被学校知道后，女孩会遭到处分或者退学的处罚，这种伤害足以摧毁女孩全部的自尊，让她生活在精神的地狱里。所以，孩子们能够理解女孩的处境，他们团结起来保护着女孩，女孩也保护着自己不被成年人伤害，这是人的本能！

我们知道，孩子在发生这样的事情后，他们一定是期盼着成年人的关怀和谅解。成年人应该如何取得孩子们的信任呢？由此，我们提出了应对孩子发生性行为事件的基本原则。

原则一：成年人首先应该反思自己是否尽到了教育的责任，在孩子成长的过程中，对孩子进行性教育是父母应尽的职责。很多时候，当知道孩子发生性行为后，成年人很难在第一时间反思自己是否尽到了教育的责任，而将责任推卸到孩子身上，这是不负责任的行为。

原则二：无论是男孩还是女孩，当他们与异性发生性行为后，父母不可以责骂和羞辱孩子，可以指出孩子在这件事情上犯下的错误，但不可以以此贬低和羞辱孩子的人格。

原则三：在处理事件时，一定要将保护孩子的尊严放在首位，最好对孩子的事情严格保密。教师不可以在班级公开此事，父母也不可以对家人随意公开孩子的事情。一些女孩的父母为了要求男方赔偿，带着女孩到男方家里大吵大闹，这样的做法会给女孩带来极大的伤害。如果双方父母需要协商一些问题，可以在没有孩子参与的情况下进行协商。

原则四：学校不可以因为孩子发生了性行为，就给孩子处分或者开除学校的处罚。学校本是育人的地方，孩子在成长中因为无知和冲动犯下了错误，学校有责任对孩子进行教育和帮助，给予孩子关怀，而不是将孩子抛弃。

原则五：成年人处理事件的目的应该是让孩子回归到正常的生活轨道，让家庭回归到正常的生活轨道。特别是对于少女怀孕事件的处理，这个原则极其重要。在本书第九章中，通过两部电影的赏析，我们将详细讲解这个原则。

原则六： 事件的发生会给孩子（男孩和女孩）和父母都带来心理上的问题，必要时可以寻求心理医生的帮助。

总之，处理孩子发生性关系或者少女怀孕事件，要以人文关怀为基础。同时，成年人应该清楚地知道，这是孩子成长的契机，也是父母成长的契机。

第七节 过犹不及给孩子带来伤害

每个孩子情窦初开的时节都是不同的，当孩子爱情降临之后，我们应该采取尊重和帮助孩子的态度来应对，而不是破坏孩子爱情发展的自身节律。

1.老师不可以鼓励孩子乱表白

我女儿是比较单纯的女孩，小学五年级时换了一个升学权威的班主任，这位班主任认为不用回避与孩子们谈论谁喜欢谁这件事，反而鼓励男生对女生表白。用班主任的话说："不敢表白的男生是怂包。"班主任甚至把一个男生的座位故意调到他喜欢的女生旁边，说这样他就会有学习的积极性。现在，女儿班级里表白风盛行，已经有4个男生跟我女儿表白了，这样势必在某种程度上影响孩子的内心。我个人不认同这种事情，有点提前催熟的意思啊！

老师不可以在孩子尚未情窦初开时，有意鼓励孩子结交异性并发展恋爱关系，这是违背个体情感发展的行为。小学五年级的孩子年龄在11岁左右，这个班级的部分孩子刚刚进入青春早期心理发展，可能对异性有好感，他们希望能够参加有异性参与的群体活动，而不是一对一的交流，这是这个年龄阶段的心理发展特征；另一部分孩子可能尚未进入青春早期心理发展，爱情心理还停留在异性排斥期。班主任的做法破坏了孩子生命自然发展的节律，提前唤醒孩子进入爱情心理发展的第三期——异性之间一对一的发展。

班主任老师对于小学五年级的孩子来说，具有威慑感，孩子有一种自然迎合老师的心理，希望自己能够做到老师期望的那样。当老师鼓励孩子努力向异性表白，不表白就不是他期望的勇士时，孩子们自然会被老师的鼓励驱使，即使孩子没有对某个异性产生让人心悸的爱情，孩子也会莫名其妙地向异性表白。这样的表白其实违背了孩子内心真实的情感愿望，仅仅是为了满足对班主任的迎合，这是对孩子自我认知的破坏。

班里孩子们表白成风，无论是表白者还是被表白者，都不是一个自然的爱情过程。表白的时机应该由孩子自己来掌控。当一段情感成熟之后，当孩子已经准备好了之后，当孩子对自己喜欢的异性做好了一定的情感铺垫之后，表白是爱情水到渠成的行为。这个过程也是练就孩子应对爱情过程的契机，这个契机应该是一种自然形成的状态，而不是由成年人躁动起来的一种形式。

每个孩子表白的方式可能各不相同，在一段自然的爱情中，孩子的表白会依据孩子各自的性格不同，呈现各自不同的表白方式，比如：口头表白、写情书、送礼物等，每种方式都是孩子自己的决定。班主任在班级里大张旗鼓地鼓励表白，孩子们在这场运动中匆忙上阵，来不及品味一段优美的情感，来不及在一段优美的情感中酝酿表达的方式，就开始上场表演表白的闹剧。班主任的激励让孩子们对爱情表白的认知变得肤浅而草率，破坏了孩子对这份情感的细腻和真挚表达。

对待孩子的爱情应该顺其自然，这个自然是指孩子爱情心理发展的规律，不是指孩子的爱情行为可以为所欲为。我从不鼓励孩子恋爱，只是跟随孩子生命的节律，关注着孩子爱情中的成长，当孩子需要我帮助的时候，我会鼎力相助，与孩子共渡难关。成年人要保持一颗静待花开的心，等待孩子爱情的到来！

2.棒打鸳鸯带来的悲剧

儿子上高二，热恋同班一个女生，不料在班主任的劝说和极力干预下，女孩提出终止交往。儿子痛不欲生，情绪非常不稳定，非常痛苦。儿子目前的情况是不听课，不学习，不做作业，无精打采，走不出这段被成年人破坏的情感的痛苦。学校相关领导和班主任多次沟通后并无明显好转，我们也给他讲了很多道理，可孩子却越来越消沉，该怎么办？

在我们的传统文化下，成年人竭力破坏孩子爱情的事情时有发生。教师们总是一厢情愿地臆想：如果我阻止了孩子的爱情，孩子就会六根清净地专注于学业了，学业成绩就会突飞猛进了。于是，教师理所应当地做着破坏孩子爱情的事情，给孩子带来了伤害。案例中男孩与女孩的恋情，在班主任的强势破坏下遭受重创，给两个孩子带来了极大的精神痛苦。如果两个孩子真心相爱，女孩被迫提出分手，那么，挣扎其中的就不只是这个男孩了。

解决男孩问题的具体方式：

第一，班主任老师要向两个孩子承认自己的错误，向孩子说明因为老师不懂得青春期孩子爱情的心理发展规律，所以才做出了错误的事情。要做到这一点，班主任老师要认真学习青春期孩子的心理发展规律，真正理解爱情给孩子带来的成长，真心帮助孩子在爱情中获得正能量。同时，反思自己的错误。

第二，允许两个孩子恢复恋情，给予孩子宽松的成长环境。

第三，告诉孩子恋爱中的界限和底线。

第八节
成年人不要为孩子带来人生悲剧

胡老师：您好！

有个同学给我讲了这么一个故事。他们班里有个男生和女生“早恋”了，经过一些所谓被同学“告密”之类的剧情，老师知道了。于是，可怕的事情发生了，老师和家长轮番找那两个可怜的家伙谈话。他们俩本来都是考入好高中的料，最后被生生拖垮了。这真可怕！这就是我对于“早恋”的全部理解。今天您给我们讲的东西再好，没有老师和家长的支持和理解，根本没用！

这是我在一次为初二年级孩子们上课后，一个孩子给我的来信。在我们的文化下，孩子的爱情被成年人丑化成了“不上进”“影响学业”“下流无耻”……无论是教师还是父母，对孩子的爱情都会采取不尊重和蛮横处置的方式，让孩子对自己的爱情产生了犯罪感，深深地伤害了孩子的情感。

曾经有一对中学恋人，男孩和女孩都是品学兼优的好孩子，担任着班级和年级的干部工作，因为工作中经常接触交流，两人相爱了。接下来的事情与这位学生给我的来信情节非常相似，父母和教师轮番找他们谈话，对他们威逼利诱，希望他们不要继续这段情感。有一天，父母和教师发现两个孩子失踪了，原来，两个孩子不愿意再继续承受这般压力，离家出走了。父母们寻找了三天都没有找到两个孩子的踪迹，最后只得报警。警察开始立案侦查，在一家小旅店里发现两个孩子入住的线索，但依然没有找到这两个孩子。这本该是一个可以避免的悲剧，如果成年人尊重两个孩子的爱情，告诉他们在爱情中应该保持的底线，我相信孩子不会舍得离开自己的父母，离开朝夕相处的同学，更不舍得放弃自己的学业。

曾经，在我工作室的课堂里来了一个13岁的男孩，短短的两个半天课程里，我发现他非常忧郁，他是与同班同学一起来我的工作室上课的，他们都很熟悉。在课间，其他孩子都有说有笑，开心地吃着我为孩子们准备的小零食，只有他独自坐在房间的一个角落里，低着头一言不发。我主动上前找他聊天，问他有什么不开心的事情，为什么眼睛里满含忧郁。他浅浅一笑，说因为想把头发留得长一点，被父母和老师不理解，每天逼着他把头发剪短一些。我看了看他的头发，基本已经是平头的长度，只有额头上面的头发有一点点长。于是我说："你的头发不算长啊！"他回应："我也觉得不算长，我想不通为什么老师要逼着我去剪头，每天都打电话给我妈妈，让我妈妈督促我剪头，我很讨厌他们！很讨厌！"见到男孩愿意与我聊一些心里话，我就一直陪他聊天，在这个过程中，我觉得他的郁闷状态可能不仅仅是因为头发的问题。

一周后，这个男孩的妈妈和当时上课孩子的家长们，请我给他们做了一次如何应对孩子谈恋爱的沙龙。在这次沙龙中，男孩的妈妈提到了男孩有恋情，自己不知道该怎么处理。我为家长们讲解了青春期孩子爱情给孩子带来的发展，也告诉了家长应该如何理解孩子的爱情，如何与孩子交流等。本以为这次沙龙能够帮助家长们更好地处理孩子恋爱的问题，后来才发现，一次沙龙很难让家长改变"学业重于一切"的心态。而且，我更没有机会与男孩的老师们进行沟通。我总想着很多孩子在恋情中都会受到父母和老师的夹击，但很多孩子也都没有出现生命危险，于是，放下了自己对男孩的担忧。

然而，两个月后，这个男孩从家里13楼的阳台上飞身而下，离开了这个世界。

后来我才知道，男孩与一个同班女孩相爱了，两个人的爱情遭遇了家庭和学校的双重围攻，没有喘息之地。两个孩子做的最"出格"的事情就是中午放学后，他们有一段在教室里独处的过程。当时教室里没有其他同学，他们将教室里的窗帘拉了起来，还关上了门，这样的独处仅有一次。然而，这一次独处却成为班主任、年级主任、科任老师都纷纷找男孩谈话的缘由，老师们希望他把学业放在第一位，不要谈恋爱影响学业成绩。

男孩最近一次的考试有一个科目的成绩下滑了，但仍然保持在综合成绩班级前10名。然而，那次独处和最近一次考试成绩的下滑成了成年人围剿两个孩子爱情的有力武器。男孩觉得活着太累。就在男孩跳楼的那天晚上，妈妈接到了老师的一个电话，电话里老师对妈妈说："如果他不谈恋爱，这个科目的考试成绩应该更高一些，总分排名就可以更靠前一些。”挂上电话之后，妈妈温和地对孩子复述了老师电话里所讲的话。妈妈因为参加了我的沙龙，懂得要保护孩子的爱情，所以，她在对孩子复述老师的话时，很温和，没有对孩子进行训斥和责备。

然而，妈妈温和的复述成了压倒孩子生命希望的最后一根稻草。在妈妈复述完之后，男孩问：“妈妈，还有没有什么要说的？”妈妈温和地说：“洗澡睡觉吧，明天还要上课。”男孩拿起妈妈的手机，给喜欢的女孩发了一条短信，之后，起身走到没有封闭的阳台，站立在阳台的一个小凳子上，转身对妈妈一笑，妈妈还未来得及反应，男孩已从13楼飞身而下。眼睁睁地看着孩子永远地离开了自己，妈妈的心就此碎裂！妈妈告诉我，她当时疯了一般冲出门，去找自己的孩子……

在男孩去世后，我来到男孩的家里，走进他曾经住过的房间，房间干净整洁，保留着他走的那天的样子。妈妈流着眼泪告诉我：“我的儿子爱干净，每天都把自己的房间搞得整整齐齐，他不喜欢乱。”书桌上摆放着孩子的遗像，遗像上男孩的年龄与他去世时相差不大，还是那双抑郁的眼睛在看着我。我终于明白了他为什么不想把头发剪短，因为他希望自己对喜欢的女孩更具吸引力；我也明白了正是这份被围剿的爱情给孩子带来的不堪重负的压力，让孩子放弃了对生命和未来的希望。

我没有流泪，心像被冻僵了一般，情感停止了流动。男孩的妈妈哭着为我讲述那天晚上发生的一切，讲述着孩子的恋爱给孩子带来的压力。一些来看望的人也在流眼泪，只有我没有哭，没有忧伤，没有痛苦，只有一种深深的无助感，仿佛生命即将停止了一般。我一直看着那张遗像，大脑里冒着一个追问：“如果他是我的儿子，我会怎样？我会怎样？我会怎样？！”

几个月之后，我给了这个问题一个答案，如果他是我的儿子，我不会重复老师的那句话给他听，我会告诉他：“宝贝，生命中我们需要完成很多任务，比如学会爱一个女孩，比如考试，比如保持健康的身体，比如要爱惜好自己的生命，比如结婚生子。如果你现在已经开始在学习爱一个女孩，妈妈恭喜你！你开始了生命中必须完成的一个任务。如果你在学习爱一个女孩的时候，耽误了一些时间，影响了你的考试成绩，妈妈觉得很正常。一个人的时间有限，做好一件事情要花时间和精力，同时要做好两件事情，对你来说更不容易。学会爱一个女孩关系到你未来的幸福，考试成绩只关系到你现在的排名。妈妈认为，幸福比排名重要很多很多。”

很多父母和老师担心孩子的早练会影响到学业成绩，希望孩子不要按照大自然的安排发展经营情感的能力，而将全部精力用在学业上，期望孩子按照成年人的安排“考上大学或者研究生毕业后再谈恋爱”。显然，成年人的这番期望违背了大自然的规律，因此，现实中我们总是看到父母和教师们的失落与无奈。在我们的文化下，孩子的爱情所遭遇的最大压力来自父母和教师。我们的国情是：**教师和父母在认识和应对孩子爱情的这个问题上处于同一个水平，教师并不比父母更加懂得尊重和理解孩子的爱情**。所以，对于孩子的爱情，教师与父母处理的方式同等粗糙不堪。另外，教师们更愿意对自己的管理负责——“我已经管教过学生谈恋爱的事情了。”而由于教师的错误管教所造成的后果，却将由孩子和父母来承受。如果父母和教师都成了围剿孩子爱情的打手，孩子的爱情在这个世界便再也无法找到安全之地。一些孩子选择了屈服成年人的压力，放弃自己的情感；一些孩子将爱情转入地下；一些孩子选择离家出走；一些孩子则用极端负面的方式来抗争——自杀！

孩子需要在爱情到来的季节收获爱情的滋味，成年人要做的就是给予孩子一个安全的环境。这个环境里有成年人的理解、接纳、帮助、支持和引领，在能够得到成年人尊重和保护的环境里，孩子的爱情之花才能够健康绽放，这是孩子的生命之花！如果成年人以各种理由阻碍孩子的恋情，这种不尊重孩子生命发展规律的“禁令”却如同螳臂当车，始终不能够让成年人如愿以偿，反而给孩子带来人生悲剧！

SHANJIETONGZHEN Chapter 8

第8章
帮助孩子应对爱情带来的伤害：
英国电影《成长教育》赏析

爱情的伤害会让孩子付出不菲的成长代价
这也是一次成长的契机
对于父母来说，也是一次反省家庭教养的契机

电影故事梗概

英国电影《成长教育》根据英国星期日泰晤士报记者琳·巴贝尔（Lynn Barber）的回忆录改编。1961年，16岁的少女珍妮聪明好学，她热爱法国音乐、诗歌和电影，学业成绩优异，她的目标是考取牛津大学学习英语。一个雨天，珍妮邂逅了成熟男人大卫，大卫不断带珍妮出入高档酒吧、艺术品拍卖行和高级餐厅，带珍妮游览梦寐以求的巴黎，灯红酒绿中珍妮迅速坠入爱河，甚至放弃了自己的学业，离开了学校……当珍妮发现大卫是已婚男人，且欺骗过无数少女的时候，珍妮崩溃了，她不知道自己该何去何从。经历了一段挣扎之后，珍妮决定重新拾起自己的梦想，完成自己考进牛津大学学习的心愿。最终，珍妮在父母和教师的帮助下，实现了自己的梦想。

第一节
家庭教养传递给珍妮的价值观

珍妮的父亲非常重视珍妮的学业，虽然家庭经济不宽裕，但父亲还是让珍妮上了一所好学校。从影片的一开始我们就能够看到这所学校对孩子的教育是从多方位进行的：学生走路的姿势、学习跳交谊舞、学习厨艺、体育活动既有现代的呼啦圈也有传统的英式球类、各门学科……父亲希望珍妮将所有精力都用于与考试相关的学业科目，而对于珍妮的精神需要（珍妮喜欢大提琴、法国歌曲和电影）持否定态度。

父母教育孩子的语言和行为是孩子建构价值观的重要“建筑材料”。珍妮的父母给予珍妮的价值观建材是怎样的呢？ 在影片中我们可以看到，珍妮父母给予珍妮的价值观建材有：

1.功利

在影片的一开始，我们就看到了父亲对珍妮兴趣爱好的功利心。当珍妮说到自己要去写一篇英语作业时，父亲“我希望等会儿我能从楼上听到的只有你的汗水滴到课本上的声音”，注意这句话中的“只有”两个字。接下来，珍妮与父亲讨论到了自己的大提琴爱好。珍妮真心喜欢大提琴，而父亲却只想将珍妮的大提琴技能作为进入牛津大学的一个砝码。父亲不允许珍妮花费过多的时间在大提琴上，但又不允许珍妮离开青年管弦乐队，在父亲眼里，参加乐队也是为了在申请牛津大学时有一项“具有团队合作精神”的筹码。

一天，珍妮正在享受法国歌曲，一边听着歌曲一边哼唱着。父亲在楼下大喊：“我不想听到任何法语歌曲，我可没有在教学提纲上看见法语歌曲！”珍妮只好关掉唱机。在父亲的眼里，珍妮所有的学习行为都必须围绕考试和考试大纲，与考试无关的都要阻挠孩子接触和学习。父亲无视珍妮内心对音乐的喜爱，而将此喜爱当作进入牛津大学的筹码。对于父亲这样的做法，珍妮非常反感与无奈，她开始抵触父亲的做法。而父亲对珍妮的抵触冠以了“叛逆”之名，父亲说：“看来你挺叛逆的，这些（爱好）就等你考进牛津大学再说吧。”

珍妮对于父亲不理解自己内心的追求非常苦恼，她对父亲说：“难道你不希望别人稍微为自己着想一下吗？”父亲回答：“我当然不想！”珍妮非常无助。对于青春期的珍妮来说，她希望父亲能够允许自己按照自己的爱好和兴趣来学习，在她努力让自己达到牛津大学成绩要求的同时，她还需要有法国电影、音乐、歌曲等精神养料来让自己获得幸福和快乐。然而，父亲的内心只有对珍妮的控制和要求，没有理解。

很多时候，我们对孩子的方式也如同珍妮的父亲，孩子只有接受成年人的要求和控制才是“听话的好孩子”，否则，孩子就是叛逆。在这儿，我们来讨论一下“叛逆”。在我接触到的家长中，有6岁以下的孩子的父母，也有青春期孩子的父母，当孩子不顺从父母的意志时，父母就给孩子带上一顶“叛逆”的帽子，这顶帽子是贬义的、带有指责的含义——“孩子反叛父母的意志，逆父母的意志而行”。从传统文化来说，孩子反叛父母的意志是“大逆不道”的行为，也是不孝的行为，于是，孩子的道德被涂抹上了污点。父母要求孩子必须顺从父母的意志，中国传统文化中缺失了对孩子的发展规律和独立人格的尊重，这是我们文化中的糟粕。

举一个例子来说明。3岁左右的孩子，其心理已经进入到了发现自我、认识自我的阶段，在这样的心理发展之下，孩子要在生活细节中体现出自己的存在。于是，当成年人对孩子发号施令的时候，孩子会不遵从成年人的意志，处处要体现“我”的存在，父母要求孩子向东，孩子偏要向西。从3岁前的顺从父母，到3岁后的不顺从，父母不懂得孩子为什么会变成这样，总认为“孩子与自己对着干”，于是，这个孩子就成了父母或教师眼中的“叛逆”孩子，或者“问题”孩子。

再举一个例子。一个孩子已经进入青春早期的心理发展阶段，这一阶段的孩子有一个非常典型的心理发展特点——自我认同。这个心理发展特点所呈现出来的行为是孩子希望自己与众不同，于是他们会从服饰、发型、使用的物品等方面来体现自己，显示自己的“个性”。如果我们理解了这个年龄阶段孩子的心理行为，我们就能够理解孩子所呈现出来的行为状态了。我认识的一个13岁的男孩就读一所公办“名校”，学校要求男生不可以留长发，但没有说明头发多长才算学校认为的“长发”，男孩被要求剪成“杨梅头”，但他不愿意，想方设法让理发师给自己前额处的头发留长了一点点，这样看上去有一点“个性”。 我见到这个男孩的时候他正为自己的发型苦恼，因为教师和父母都在轮番找他谈话，要求他剪掉前额上留长的一点点头发。我看了又看，没有觉得那一点点长发有多长啊，“还不到一厘米长也算长吗？”他无奈地说：“他们觉得长，就是长，我没有申辩的权利！”“那你去剪掉吗？”他坚定地说：“不！”就此，学校和父母认为孩子叛逆了。

在很多中学里，我看到了男女学生被要求的头发长度，男孩基本是“杨梅头”，比犯人的头发长一点，女生基本被要求是齐耳短发，与女犯人的发型差不多。这些孩子正处在青春早期，对自己外表的认同被压制了，不可以从自己的发型来体现自己的独特。或许，成年人们会说：“从成绩上体验自我认同就可以啦，外表在这个阶段不重要啦，等考上大学再留长发也不迟啊，何况，注重外表会分心啊……”这些不顺应孩子心理发展规律的言行被贯彻和实施着，对于那些已经习惯被压制的孩子，这一招会让孩子顺从，但对于没有习惯被压制的孩子，他们在这个时期就会跟随自己的内心，不愿意屈从这样的压制。曾经听到一个新闻，一个就读于某中学的女孩，她是一个爱美的女孩，只是想把头发留长一点，因为不愿意按照学校的要求剪短头发，结果被学校三令五申剪发，父母也成为学校的帮凶，女孩以死抗争，跳楼身亡。

到底是孩子故意和成年人对着干，找不爽，还是成年人与孩子对着干呢？到底是孩子叛逆了，还是成年人在使用自己的无知和霸权来压制和扭曲孩子呢？请那些动辄就说自己孩子“叛逆”的成年人们三思！我一直认为，没有叛逆的孩子，只有不懂孩子的成年人。

在深圳国际交流学院，我儿子曾经就读的高中，孩子们的发型由孩子们自己决定。在学校里，我看到女孩们长发飘飘，夏天穿着热裤短裙，健康美丽，个性十足；男孩们有像我儿子那样留着“杨梅头”的，也有爆炸头，还有用长头发遮掩半边脸的……虽然长发热裤，虽然爆炸头，他们的眼睛里永远有光亮，内心单纯洁净，品行端庄，遵守校规，对未来充满理想，脚踏实地地为自己的理想在拼着。现在，这些孩子都就读于世界名校。每次看到深圳国际交流学院的孩子们，我就忍不住在想：“如果所有的学校都像深圳国际交流学院的教师们一样，懂得尊重青春期孩子的心理发展特点，从内心来帮助孩子建构健康的人格，而不是从发型衣着来管制孩子对个性独立的心理需要，或许，那个女孩就不会因为被逼迫剪短头发而跳楼了。”

2.虚荣

虚荣就是拿别人的光芒来光荣自己。这个光荣不是自己的，而是借他人之光，所以是虚幻的，随着别人光芒的消失，自己也就无光了。因此，虚荣的人的特点就是不做好自己，反而在别人身上做努力，要求他想借光的那个人更优秀，从而显得自己也是优秀的。

珍妮的父亲不得志，既不是名牌大学毕业，也没有获得一份挣钱多的工作，所以，他将自己不曾得到的生活和不曾实现的梦想寄托在了珍妮身上，期望珍妮进入牛津大学，获得一份满意的生活。父母对孩子寄予期望，这没有错；但如果寄予期望的目的是实现父母自己的意愿，满足自己的虚荣，这就有问题了。每个人的梦想都应该由自己去实现，孩子不能够成为实现父母梦想的工具。珍妮有自己的梦想——进入牛津大学学习语言文学，这个梦想父亲是支持的，支持的目的是满足自己的虚荣，这是有问题的。

3.患得患失

看到珍妮的拉丁语考试刚刚及格，他的父亲说："有些人拼了也不够优秀，那时候怎么办呢？可能这整个升学就是在浪费金钱。她修这个英语学位有什么用（指珍妮去牛津大学学习英语）？花上3年去拉那个要命的大提琴，跑去跟披头士大谈法语吗？到时候我赔了夫人又折兵，我倒是想让她在那儿遇上一个像样的律师，但这种人她明天去舞会跳舞就能遇上……"当珍妮的母亲提出为她找家教补习拉丁语时，父亲大声喊叫着："那又要花我多少钱……"

珍妮的父亲迫于经济压力而出现情绪失控，这可以理解，然而，情绪失控的时候所说出的话语，却表达了父亲内心深处的患得患失——既想要珍妮进入牛津大学，又不想付出全力来支持；既想要女儿具备牛津入学的一些条件，又担心花了钱最后不如意，这样的患得患失心理才导致了父亲的纠结和情绪。如果父亲支持珍妮的动机不是为了牛津大学，而是为了帮助女儿实现梦想，父亲或许就没有了这样的纠结，父亲会告诉女儿："爸爸会尽全力支持你的梦想，这样的支持包括经济和精神，你既然有了自己的梦想，就全力去实现，只要我们尽心尽力做了，即使没有实现梦想，你和爸爸都会无怨无悔的。"如果父亲真有这样的心态，父亲就是放下了，也帮助女儿放下了。

曾经，一位妈妈问我："我女儿想去深圳国际交流学院，但是她的英语可能达不到深圳国际交流学院的考试要求，她现在很努力地学习英语，但是，我担心万一努力之后没有结果怎么办？"我告诉她："任何事情只要去做了就会有结果，女儿努力学英语的动机来自要实现自己去深圳国际交流学院的梦想，她在为自己的梦想努力，没有人逼迫她。努力之后有两个结果，一个结果是成功了，她体验到了一个真理——只要自己心怀梦想，脚踏实地地尽全力，梦想就会实现；另一个结果是失败，没有考进深圳国际交流学院，但她努力过，不会后悔没有进行这次尝试，孩子会明白，只要我为自己的梦想努力过，我就不会后悔。而且，这个失败的结果并非一无是处，起码她的英语水平有所提升。无论是哪种结果，都对女儿的人格有着积极正面的建构作用，对女儿未来的学习和工作都是正面的经验积累，是值得你支持女儿的。"这位妈妈是位聪明的妈妈，她立即理解了我的意思，没有纠结，爽快地说："我明白该怎么做了！"

很多时候，面对一件事情的未来，我们既想要达成目标又担心付出后得不到想要的结果，这让我们患得患失。患得患失的结果是无疾而终，或许，这也是很多人不能够实现自己所想的根本原因。当我们对目标经过理性的思考和选择之后，朝着目标坚定不移、心无旁骛地坚持走下去，才能够实现自己所想。

4.将自己的幸福依附于他人

在父亲的内心深处，一直有珍妮遇上一个富家子弟的想法，因为补习拉丁文需要花钱，父亲大声喊叫着："那里（自家院子）可能还会长出一个富家公子来追你，因为，很明显，你现在需要一个！"

当珍妮被大卫求婚后，珍妮内心很矛盾，她知道如果答应大卫的求婚就必须放弃去牛津大学的梦想。对于16岁的珍妮来说，这个选择是艰难的，她需要听一下父母的意见，她相信父母的人生阅历能够帮助她做出正确的选择。于是，珍妮与父母有了这样的一段对话：

珍妮："如果我不去上大学而是结婚，那会怎样？"

父亲："这个当然取决于你与谁结婚。我可不想你是为了结婚而结婚！"

珍妮："这个时候你应该说上牛津大学的事要怎么办。"

父亲："换个角度想，现在你也不是非去（牛津大学）不可，不是吗？你会有人照顾。"

在这段对话中，父亲认为珍妮不需要自立，不需要为自己的梦想去奋斗，只要有机会嫁给有钱的大卫，珍妮的人生就有了依靠。父亲鼓励珍妮将自己的未来依附在大卫身上。珍妮在与父亲的这番谈话后，虽然内心深处的牛津之梦没有完全熄灭，她还是做出了选择——与大卫结婚，不再继续求学了。成绩优异的珍妮放弃了学业，离开了学校。如果珍妮的父亲在内心没有让珍妮依附他人的想法，他就不会对女儿说出这番话，大卫的骗术也就不会得逞了。俗话说："苍蝇不叮无缝的蛋。"大卫是苍蝇，珍妮的父亲便是有缝的蛋。

我有时候会看一档知名的相亲节目，在节目中常常听到女嘉宾说："我没有安全感啊，如果他的钱交给我来管，我才有安全感啊！""如果他能够给我丰厚的经济保证，我才会有安全感啊！"这类女人认为，自己的安全感一定是来自男人挣钱的多少，而且这些钱必须由她们来掌管。其实，这样的女人只是想不劳而获，她们将这种丑陋的欲望穿上了一件"安全感"的外衣示人。她们也不想一下，当自己的安全感建立在依赖于他人给予的物质基础上时，这本身就是不安全的，因为我们无法掌控他人，我们能够掌控的只有自己。每个成年人的安全感都需要自给自足，只有相信自己离开任何人都能够活下去的时候，安全感才会永远跟随着自己。作为夫妻关系来说，安全感也是需要自给自足的，而不是将安全感建构在对方身上。双方都建构好了自己的安全感，不将安全感依附于对方，这样的夫妻关系才是健康的。

5.没有在精神上富养珍妮

珍妮的父亲没有在精神上满足珍妮的需要。珍妮喜欢的音乐会，父母从来不带她参加，还强行说："音乐会没有意思，只是玩玩，一点也不会让你兴奋。"珍妮喜欢听法国歌曲，父亲也阻止，甚至连自己居住的城市里听音乐会的广场在什么方位也不知道；父亲没有带珍妮去过一次高级餐厅，甚至是一般的餐厅都极少去，家里每年圣诞节才会喝点香槟酒；家里连笑声都很少很少，父母没有营造家庭温馨快乐的氛围，让珍妮感觉到家的温暖；珍妮每年的生日就是在家里吃一个妈妈做的蛋糕，没有生日歌，生日礼物只是词典……

父母挣钱多少与给孩子多少心灵关怀无关。从珍妮的家境来看，虽然不是大富大贵之家，但每年听一次音乐会的钱还是有的，一年进一次普通餐厅的钱也应该有，每周可以喝一次香槟酒吧……而这些都是营造家庭氛围的重要时刻。很多时候，父母需要理解孩子内心的渴望，而不是每天都要去高级餐厅吃饭或者听音乐会！

所谓的精神富养，就是尽父母的力量，在有限的经济支持下，满足孩子当下的精神需要。我们如果没有更多的钱听世界顶级音乐会，我们可以带孩子听国家级或者自己所在的城市级别的音乐会，还有一些慈善音乐会，或者给孩子买碟。最关键的是，父母有没有关怀孩子精神需要的那颗心！

骗子大卫的出现，给珍妮带来了她渴望的精神养料——音乐会、牛津大学度周末、高级餐厅用餐、艺术品拍卖会、法国巴黎游玩……在供给珍妮精神养分的同时，大卫也给珍妮带来了物质安全感的信息。而父亲整天对物质不安全感的唠叨，已经让珍妮不愿意回家，这加速了珍妮投入大卫的怀抱。珍妮希望自己活得快乐，这样的快乐更多的是精神满足。珍妮不是一个懒惰、无知、对物质贪婪的女人，她只是希望有经济的保障，能够满足她阅读、思考、享受精神的愉悦，她是有精神需要的女人。

功利、虚荣、患得患失、将自己的幸福依附于他人、精神养分不足，在对珍妮的教养中，父母给予珍妮如此不堪的精神养分，导致了珍妮人生观和价值观的扭曲。她与大卫的交往充分体现了她的价值观和人生观：选择了依附大卫而不独立自主。如果我们不希望孩子在爱情中受到伤害，我们就需要从家庭教养中传递给孩子正确的价值观的人生观，青春期孩子在爱情中的幸福与不幸，决定于父母的人生观和价值观。

第二节
珍妮的价值观存在怎样的混乱

16岁的珍妮已经进入青春中期的发展阶段，这个阶段心理发展最大的特点是希望自己独立，获得自由，希望被他人认同。

珍妮第一次遇见大卫，就对大卫说："如果我上了大学，我就能看我想看的，听我想听的，还有参观油画展和看法国电影，然后与很多博学多才的人谈天……"珍妮对自己的小伙伴说："等我上了大学后，我要当法国人，要去巴黎，还要抽烟、穿黑色衣服、听杰克的歌……"这些谈话都说明珍妮的内心充满了对自由的渴望。

第一次遇见大卫，珍妮就感觉到了大卫对自己的认同。大卫了解到珍妮的兴趣和爱好，就带珍妮参加音乐会、高级餐厅的晚餐、艺术品拍卖会、牛津度假、巴黎之行……这对一直生活在经济拮据、抱怨连天的家庭中的珍妮来说，她感觉到了大卫对自己的理解和关怀，这样的理解和关怀让珍妮的内心不再孤独。与自己的父亲比起来，大卫的认同和接纳，让珍妮的内心感觉到了自由，可以随自己的心愿而活着，这是一件多么美好的事情。正是这样的一种心理，才让珍妮偏离了生命的正常轨迹。

珍妮向同学炫耀自己可以买到巴黎的名牌香烟，从同学们羡慕的眼神中获得认同感。对于青春期的孩子来说，他人的认同感是非常重要的，影片中几个女孩抽烟的情节，表现了她们对满足和展示内心想要自由和独立的心理发展需要。

珍妮是一个品学兼优的中学生，她一直努力学习，期望进入牛津大学，创造未来属于自己的美好生活。对于青春期的珍妮来说，正是建构价值观、人生观和世界观的关键阶段，而珍妮正在经历价值观建构中的冲突，我们可以看到珍妮的价值观正处于一种混乱状态。

1.是非观念不清晰

第一次大卫带着珍妮去听音乐会，为了让珍妮的爸爸同意，大卫撒谎了，他告诉珍妮的爸爸“音乐会后与海伦姨妈一起共进晚餐”。在得知有“海伦姨妈”参加后，珍妮的爸爸才同意珍妮可以在晚上11点半回家。而这个海伦却不是大卫的姨妈，而是大卫朋友的女人。珍妮没有对大卫对父亲的撒谎表示反感，而是允许了大卫对父亲的撒谎。

大卫想带珍妮去牛津度周末，为了得到珍妮父亲的同意，他欺骗珍妮和她父母，说自己认识牛津知名作家刘易斯。珍妮的父亲信以为真，他幻想着大卫可以介绍刘易斯与珍妮相识，便同意了大卫和珍妮到牛津过周末。到了牛津大学的小酒吧里，大卫冒刘易斯之名在其著作上签名留言。珍妮将这本书带回家给父母看，珍妮的父亲信以为真，对大卫大加赞赏。在这个过程中，珍妮没有对大卫的作假表示出反感或者抵触，而是全心接纳，伙同大卫一起欺骗父母，成为大卫的同伙。

在大卫一行4人去牛津大学的途中，大卫与朋友假借看房的名义，偷走了别人家里的古老地图和罗盘。当珍妮明白他们是在偷窃时，生气地离开表示自己不认同大卫偷窃的行为。但是，在大卫的说服之下，珍妮最终接受了大卫的偷窃行为。

大卫帮一群黑人找到住处，珍妮的眼里透着对大卫的崇敬，认为他是一个充满爱心、乐于助人的男人，珍妮不解的是楼上一位老太太眼看着一群黑人住进楼里时恐惧的眼神。后来，大卫说出了自己帮助黑人寻找住处的目的，是让那些害怕与有色人种住在一栋楼的老人搬离，然后大卫便可以低价收购这些老人的房屋，转手后获利。珍妮接受了大卫的说法——这是为了生存。

2.不劳而获的人生观

当珍妮因为大卫偷窃古老地图而生气离开时，大卫对珍妮摊牌了，他愤怒地对珍妮说道：“（在酒吧里）不管我给你倒了什么，你都能一口干杯，然后把杯子砸在吧台上，要求再来一杯，真的很棒……那些高级餐厅和音乐会，都不是白白从树上长出来的。”珍妮希望过上灯红酒绿，有法国电影、歌曲、高级餐厅的生活，价值观尚未成熟的珍妮只是从这些表面的生活方式中体验着她认为的“高尚”生活。由此她感激大卫，她对大卫说：“你不知道我在遇见你之前生活多无聊，我们英语老师说行动成就一切，在这个国家所有人都无所事事，除了你！”这个年纪的珍妮，以为真正的生活就是她遇见大卫后经历的一些场面——音乐会、餐厅、法国电影、巴黎游玩、艺术品拍卖……

当校长沃尔特斯与珍妮进行谈话，告诉她完成学业的重要性时，珍妮激动地告诉校长：“我的选择是要么一辈子做那些困难又枯燥的事情，要么嫁给我的犹太人，然后去巴黎听爵士乐、阅读、在怡人的餐厅吃精美的食物，享受乐趣，单单教育已经不够了！”

当斯塔布斯女士质疑珍妮的选择时，她对珍妮说：“你知道你很聪明漂亮，你男友在意你的聪明吗？我希望你无论如何都要上牛津大学，如果你不去，我会很伤心。”珍妮却认为从剑桥大学毕业的斯塔布斯女士每天在学校做老师只是读一些空洞的作文，而自己可以听音乐、看画展、进出高级餐厅。斯塔布斯女士无法与珍妮继续谈话。在珍妮的内心里，此时只有那些音乐、餐厅、阅读才是美好的生活，而像斯塔布斯女士和校长每天潜心教学工作，是毫无意义的生活。

与大卫的相识让珍妮感觉到了前所未有的快乐，处在这样的兴奋期，让珍妮几乎失去了思考能力。在与大卫的两个朋友相处的过程中，珍妮只顾及体验快乐，没有及时思考包括大卫在内的3个人是怎样的人，这些人的价值观是否与自己是一致的。16岁的珍妮是一个单纯的学生妹，社会阅历少，识人的能力不足，这也是正常的。

珍妮面对海伦的肤浅和无知也失去了思考能力。我们来看看海伦的表现：听古典音乐会，海伦说：“每次听古典音乐会就像慢性自杀一样。”参加艺术品拍卖会，海伦对艺术品毫无兴趣和热情，而去逗弄别人的小狗玩；当珍妮说自己想进入牛津大学读英语的时候，海伦完全不理解“读英语”的含义，问：“读英语书？”珍妮告诉她：“读英语还有另外一种解释……”大卫与朋友假借看房去偷窃的时候，海伦习以为常的表情和语言……珍妮还没有学会从一个人的言行举止中识人，看不清海伦的道德意识浅薄，只是沉浸在物质带来的感官快乐中。

每个人的人生观建构都会经历一些事件，在这些事件中引发的思考将波及曾经对人生价值的认知，经历肯定——否定——再肯定——再否定，不断沉淀出的认知，架构了一个人对生命意义的认识，这就是人生观的建构过程。而16岁的珍妮正是在经历这样的过程。她曾经的人生观是依靠自己的能力上牛津大学，过自己想要的生活。现在，她否定了自己以前的人生观，认为依靠大卫就可以过上自己想要的生活，不需要自己再付出努力。可是，她对这样的人生认识还是感觉不踏实，所以，她才有了与父母讨论是结婚还是考牛津大学的谈话。遗憾的是，父亲给她指出了错误的方向——找一个富有的男人来照顾她，这促使了珍妮最后下决心离开学校。

第三节
父母和教师给予珍妮的帮助

当珍妮发现大卫是已婚男人后，大卫向她保证自己会离婚，然后与珍妮结婚，珍妮对自己与大卫的结婚还抱有一线希望。然而，当珍妮见到了大卫的妻子和孩子的，大卫的妻子立即明白了珍妮是大卫欺骗的无数个女孩中的一个，她对珍妮说："是的，她们被蒙在鼓里，你没有怀孕吧，因为之前发生过。"此刻，珍妮才彻底明白了大卫是一个骗子。

珍妮与大卫结束了关系，但此时她已经离开了学校，曾经的牛津之梦已经变得遥远。珍妮不知该如何开始下一段生命的旅程，然而她痛哭之后，整理了自己，重新捡起丢失了的梦想。此时珍妮最需要的是他人的帮助，我们来看看成年人们是如何帮助珍妮的。

1.父母给予珍妮的帮助

当发现女儿被一个已婚男人欺骗后，父母没有更多地责怪珍妮，而是选择了沉默。而珍妮却备受伤害，她责备父母当初为什么没有阻拦自己与大卫的关系，为什么不阻拦自己丢弃牛津的梦想。她对父亲说：“当你鼓励我自毁前程的时候，你算什么？愚蠢的小女生总被迷人的年长男人诱惑，那个时候你们俩都干吗去了？！”此时此刻，父亲才幡然醒悟。他闭门思过之后，为珍妮送上饼干和热茶，隔着紧闭的房门，他真诚地对珍妮说：“我一生都在担惊受怕，不想你也这样，所以我想你去上牛津大学，然后大卫出现了，他认识名作家，他知道怎么去古典音乐会，可他人不诚实，也不像你说的那样……”父亲鼓励女儿重新拾起自己曾经丢弃的梦想。这件事情之后，珍妮的父母都发生了很多改变，曾经不和睦的家庭，现在有了每天在一起吃早餐的温馨场面，父亲和母亲共同为珍妮营造了一个温馨的家庭氛围，这是对珍妮最好的帮助，因为这正是珍妮需要的。

在珍妮的成长过程中，精神世界一片苍白的母亲几乎不能够给予珍妮精神养料，她就像一个没有灵魂和思想的躯壳一般，每次女儿与父亲发生冲突时，每到女儿成长中的关键时刻，母亲都是一言不发。她读不懂女儿的内心世界，也不理解珍妮的精神需要，更不会支持女儿的成长。母亲曾经也有过对美好生活的期盼，但在生活压力之下，生活的乐趣都荡然无存了。看到女儿认识了有钱的大卫，她满心欢喜，却从未帮助女儿认清大卫的真实面目，从未提醒过女儿该如何识别男人的品行。

女儿第一次听音乐会回来，夜里11点半，母亲却在刷锅底，她问女儿：“今晚过得如何？”珍妮说：“这是我人生中最棒的一晚。”珍妮也希望能够与母亲分享，如果母亲有智慧，会继续与女儿交流：“告诉我，你经历了什么，让你感觉到如此美好？”这是母亲与女儿交流的好时机，是母亲了解女儿的内心世界的契机。然而，在珍妮期盼着母亲的回应时，母亲却沉默着，只是低头洗锅，珍妮失望地离开了。母亲的教育智慧完全不能够承载起对珍妮精神健康发育的支撑。

我们为孩子提供健康而且含有丰富营养的食物，孩子的身体就能够健康成长，孩子的精神发育同样也需要父母提供富含营养的精神粮食。如果我们为孩子提供的食物是霉变甚至有毒的食物，孩子的身体就会受到损伤；如果我们为孩子提供的精神食粮是霉变甚至有毒的，孩子的精神发育就会出现问题。珍妮的父母没有为精神饥渴的珍妮提供健康和足量的精神粮食，珍妮只好向外部寻求能够喂饱自己精神需要的精神粮食，而大卫恰恰是能够满足珍妮的精神饥渴的人选，此时，父母对珍妮的精神影响就会被大卫替代。当父母对孩子的精神影响被外界替代后，父母对孩子的教育就会变得无效，说什么都会被孩子否认，于是，父母就会觉得孩子难以管教了。其实，难以管教的孩子来自缺乏教育智慧的父母。作为父母和教师，我们的教育智慧是否能够支撑起孩子精神健康发育的需要呢？这是需要我们反思的。

2.教师给予珍妮的帮助

珍妮的自助是改变命运的决定因素，她独自一人去找校长沃尔特斯女士，希望回到学校完成最后一年的高中学业，然后考牛津大学，实现自己的梦想。尽管她向校长道歉，也向校长说出自己的悔悟："我知道我很愚昧，我想要的生活没有捷径。"然而，规则就是规则，校长没有给珍妮回到学校的机会，珍妮必须为自己当初的选择负全责。

珍妮找到了斯塔布斯老师。毕业于剑桥大学的斯塔布斯女士是一个品行高贵的教师，当初珍妮送给她一瓶从巴黎带回来的香水时，她拒绝了。斯塔布斯女士对珍妮说："因为像你这样的人，是我从众多只会抄袭不知上进的学生中发掘出来的难得的好学生，但我知道香水的来历，珍妮，如果我收下，我觉得那是对我们两人的背叛！"她内心深处喜爱珍妮，当她看到珍妮自毁前程时竭力说服珍妮不要放弃牛津，但珍妮没有听从她的建议。

斯塔布斯老师用了"背叛"二字。我的理解是：斯塔布斯如果收下珍妮送的香水，等于背叛了自己，因为她一直反对珍妮与大卫的关系，认为大卫不支持珍妮进入牛津学习是毁掉了珍妮的前途，如果收下了大卫花钱买来的香水，等于自己承认了大卫与珍妮的关系，所以，这是对自己的背叛；如果收下香水，也是对珍妮的背叛，因为斯塔布斯努力想要珍妮继续学业，不要陷入对大卫的迷恋，收下香水意味着斯塔布斯放弃了自己的态度，让珍妮认为斯塔布斯支持珍妮的决定。斯塔布斯非常理性，不贪学生的礼物和财物，忠于自己的内心，不因为一瓶高级香水放弃自己的坚持，这就是她的高贵之处。

珍妮来到斯塔布斯的家里寻求她的帮助。斯塔布斯温馨而充满了艺术气息的家，让珍妮改变了之前认为斯塔布斯生活如死水一般的看法，这里有钢琴和绘画，有自己喜欢阅读的书籍，还有香香的茶水和温暖的感觉。斯塔布斯对珍妮说："所有你喜欢的书，还有绘画、平装本和明信片，只需要一个地方就可以了。"这句话点醒了珍妮，珍妮原来认为高级雅致的精神满足需要来自高级餐厅、高级音乐会甚至巴黎的灯红酒绿，而在斯塔布斯的家里，滋养自己的音乐、绘画、书籍成了家的一部分，每天回到家里都有喜欢的音乐和绘画陪伴，而这一切并不需要一个富有的男人来提供。

斯塔布斯一直等待着珍妮的求助，现在，珍妮终于来了，她不计前嫌，开始全力帮助珍妮完成学业。虽然珍妮不能够再进入学校，但最终她在斯塔布斯的帮助下完成了学业，被牛津大学录取，实现了自己的梦想。

斯塔布斯为珍妮提供的精神养料是健康的，对珍妮的精神引领是一种高级引领。我常常接到家长的提问："我们怎么引导孩子成长？"每次接到这样的问题，我都在想："你有怎样的修为和境界来引导你的孩子呢？"教育中的一个重要部分是父母自身的人文素养和境界。如果成年人的素养和境界是高级层面的，我们对孩子的引领就是高级的；如果成年人的素养和境界是低级层面的，我们对孩子的引领就是低级的。我们需要斯塔布斯这样的老师，也需要有斯塔布斯这种修养和境界的父母。

珍妮在这场爱情中被大卫欺骗了，这对珍妮是一次严重的心理伤害，在爱情的伤害中，珍妮获得的成长是什么？这些成长对珍妮未来的爱情具有怎样的价值？这个问题留给读者自己来回答吧。

SHANJIETONGZHEN Chapter 9

第9章 从少女怀孕看两种教养文化的差异：

美国电影《朱诺》与香港电影《早熟》对比赏析

不同的家庭教养文化
会养育出不同的孩子

香港电影《早熟》故事梗概

出生于草根家庭的家富，父亲是小巴司机，母亲是一个酒楼接待员。虽然出身寒微，家富却享受了家庭温暖。他跟同学去了一所女子名校，无意间看到了若男，便喜欢上了若男。若男的父亲是一个著名的大律师，母亲是公益积极分子，但他们很少有时间陪在女儿身边，女儿主要由家里的管家和保姆照顾。当若男遇到家富后，被家富的关心和他所在家庭的温暖吸引了。在若男18岁生日当晚，他们两人到郊外露营，在若男的主动下偷吃了禁果。若男怀孕后，与父亲发生了激烈的冲突，之后便与家富离家出走，躲到好友的祖屋生活。独立生活后，家富和若男才发现生活的艰辛和不易。家富的父母找到了两人，可是若男的父亲却状告家富强奸未成年少女，导致女儿怀孕。在法庭上，若男的父亲有所醒悟，家富被轻判，若男生下了孩子。

美国电影《朱诺》故事梗概

高中生朱诺正经历着青春期到成年人的蜕变。这一天她突然做出决定：要和帅气的学校田径队员布里克共尝禁果。在朱诺的策划下，布里克与朱诺偷尝禁果，导致朱诺怀孕。本以为布里克会承担起这个责任，但布里克却不知道该如何处理这件事情。朱诺与好友商量，决定把孩子生下来，然后交给一对善心的夫妇抚养。在向父母坦白了自己的事情之后，一家人因为腹中的孩子团结起来，共同应对这个过程中的痛苦与欢乐。朱诺的爸爸在朱诺遇到收养人婚姻变故时，教会朱诺要勇敢面对，朱诺的妈妈关怀着朱诺身体的健康。在一家人的共同努力下，朱诺顺利生下孩子，交给了心仪的抚养人，回归到自己的正常生活中。

第一节 朱诺父母VS若男父母

美国电影《朱诺》与香港电影《早熟》都是讲述16岁少女怀孕的故事。朱诺与若男生长在不同文化背景下的家庭里，两个处于青春期的女孩因为对性的好奇和无知，分别与自己的男友发生了性关系，导致自己怀孕。在女孩怀孕后，两个家庭解决问题的不同方式凸显了两种文化下父母的教育理念和方法。我们先来分析一下两个女孩的父母处理问题的方式。

1.非暴力沟通VS暴力沟通

当父母发现女儿怀孕后，首先会做的事情是与女儿沟通交流，找到解决问题的方法，然后妥善解决问题。在电影中我们看到，朱诺的父母与朱诺的沟通是平和的，是朝着解决问题的方向进行的，而若男的父母与若男的沟通是不平和的，不但没有解决当下的问题，而且还增添了更多的问题。我们从父母与孩子的交流模式、交流内容和交流方式这3个方面来对比两对父母的做法：

朱诺家庭的非暴力沟通

朱诺在与父母的沟通中，可以自由地发表自己的意见，做出自己的决定和选择，朱诺的权利得到了尊重，让朱诺感觉到了自己在精神上与父母的平等；在朱诺告知自己有重要事情要对父母讲的时候，父母正襟危坐，认真倾听朱诺的意见，让朱诺感觉到自己的意见是被父母重视的，感觉到自己被尊重；在讨论中，母亲告诉朱诺怀孕的艰辛、对自己的选择要承担责任，并承诺要注重朱诺的营养等，让朱诺感受到了母亲对自己的关怀。

朱诺与父母交流怀孕处理方式的过程中，始终围绕如何处理肚子里的孩子进行，双方本着解决问题的目的，父母没有因为女儿怀孕大怒。只是在谈话结束的时候，父亲才说："我以为你是知道分寸的女孩。"朱诺回答："我实在不知道我是哪种女生。"父亲很难受地摇头。父亲这样的一点情绪，完全没有影响到讨论的氛围，更没有因为发泄自己的情绪而让讨论变得无法继续下去。

在交流中，父母认真倾听朱诺的意见，没有指责、呵斥和对抗，帮助朱诺出谋划策，完善地处理这件事情；交流后父亲首先是反省自己，在电影中我们看到，朱诺和好朋友莉雅离开客厅后，父母才放松下来。父亲首先开始反省，他问妻子："你觉得这是我的错吗？"妻子："我觉得小孩子无聊才做出这样的事情，我觉得朱诺还傻傻的。"父亲："我还没有准备好当爷爷。"妻子："你不会当爷爷的。"父亲："下次我碰到布里克会揍扁那小子！"妻子："他也没有想到会这样。"在这段对话中，我们看到了朱诺妈妈的宽容、接纳和智慧，没有在朱诺怀孕这件事情上煽风点火，扩大事态，把一个家庭搞混乱。正是有了这样理性的妈妈，在朱诺怀孕之后，家庭才依然风平浪静，生活也才依然平静地继续着。

若男家庭的暴力沟通

当若男的父亲得知女儿怀孕后，回到家里就给了女儿一记耳光。对于如何处理女儿肚子里的孩子，父亲完全不给予女儿发言权，父亲将自己的想法强加给女儿，不论女儿是否接受，若男的权利没有得到父亲的尊重；若男与父亲在精神上不是平等的关系，父亲始终认为自己是他人命运的主宰者，女儿是被主宰者；若男没有感觉到父亲的关怀。当父母要给予孩子关怀时，其方式要让孩子感受到关怀，这份关怀才是有效的。若男父亲一厢情愿地付出的"关怀"，在女儿那里接收到的信息是被控制被安排，这份关怀对于若男来说是无效的。

我们来看一段交流中若男与父亲的争吵：

若男："你有问过我的感受吗？没有一样东西是我自己选的！"

父亲："我让你自己选择，你自己会选择吗？我帮你安排好了一切，难道有什么不对吗？"

若男："安排，安排，安排，我不开心啊！"

父亲："你说你不开心，你哪里不开心你告诉我，我这么栽培你（狠狠地拍着若男房间里的钢琴），你要怎么样才能够开心？"

若男："那都是你一厢情愿，是你喜欢的，你不了解我的感受。"

父亲："好，我不了解你是吧，你告诉我你想怎样？你想怎样？你想怎样？！"

若男哭喊着："我只想要一个属于我自己的家！"

父亲："不可能，永远不可能！"然后对妻子下达命令："你给我好好看着她，不允许她跨出大门一步！"接着便愤怒地离开了房间。

这样的沟通模式是吵架，而不是交流。若男的父母与若男交流的内容没有本着解决具体问题来进行。在怀孕事件被父亲知道后，父亲与若男本来讨论的问题是如何处理若男肚子里的孩子，但从讨论的一开始，内容就偏离了主题，变成了父亲责骂若男不懂自己的苦心，若男指责父亲安排了自己的一切，双方互相控诉对方，而如何处理怀孕的问题却被放在了一边。在父亲与女儿的沟通中，双方更多的是指责、呵斥和对抗，最后变成了毫无沟通价值的吵架和斗气，导致问题得不到解决。

在若男与父亲的交流中，父亲没有倾听，父亲听不懂也不愿意倾听若男内心对爱的需求、对父母陪伴的需要。当女儿怀孕后，父亲没有反思是不是自己的教养方式出现了问题，自己给女儿的陪伴是否足够。

2.让孩子学会解决问题VS父母替代孩子解决问题

朱诺的父母与若男的父母在面对女儿怀孕的问题时，由于教育理念和方法的不同，他们采用了不同的方式来应对这件事情。

朱诺的父母引导孩子学会解决问题

当朱诺告诉父母自己怀孕后，父母感到震惊，这是每一个父母都会出现的正常表现。在问清楚让女儿怀孕的人是谁后，父亲没有当着朱诺的面骂男孩，而是与朱诺进入了如何处理怀孕问题的环节。朱诺将自己的想法清晰地告知了父母：决定不堕胎，将孩子生下来之后送人领养，而且已经找好了领养孩子的家庭。

朱诺的母亲是继母，但她爱朱诺。当妈妈听到朱诺的决定后，她告知朱诺十月怀胎和生孩子是一件很辛苦的事情："比你现在能理解的更辛苦。"妈妈想提醒朱诺要考虑清楚再做将怀孕进行到底的决定，一旦做出决定，就要接纳之后所遭遇的一系列问题。妈妈问朱诺是否考虑"走另一条路（堕胎）"。朱诺很坚定地说："不！"此时，父母非常尊重朱诺的决定，妈妈立即开始安排接下来的事情，首先叮嘱朱诺要保持身体健康，需要维生素，要与医生预约进行产前的检查，爸爸立即决定与朱诺一起去见领养人。

父母尊重朱诺的决定，同时告知了她这个决定意味着要承担怎样的后果，然后给予朱诺选择的机会，之后让朱诺履行自己的选择，这是给朱诺学会对自己的选择负责任的机会。在这个机会中，朱诺获得了成长，心智得以逐渐成熟，积累了应对人生困境的经验。与此同时，朱诺的行动有父母的陪伴和提醒，这样的监督让朱诺在处理问题中不会偏离原则，做出伤害自己的事情，保证了朱诺能够顺利按照计划解决问题。因为得到了父母的尊重和支持，朱诺也会尊重父母的意见和建议，这样就形成了良好的亲子关系，这是解决朱诺怀孕问题的基础。

在父母决定支持朱诺的选择后，他们也一直关注着朱诺在怀孕过程中遇到的问题，无论遇到什么问题，朱诺都能够得到父母的理解，都能够得到父母的精神支持。

影片中有这样一个情节：当朱诺得知领养家庭的婚姻面临解体后，她很痛苦，当初她认真挑选的家庭现在已经不能够满足自己当初提出的条件，到底是否继续将未来的孩子交给他们来领养，成了朱诺需要思考的问题。她开车在外游荡着思考着决定着，晚上才回到家里，她发现："我要到别的地方待一阵子，才会发现我很爱待在家里。"这是朱诺内心对家的信任，家里有支持她的爸爸妈妈。

回到家里后，我们看到了以下情节：爸爸的一句"嘿，放大版的朱诺"的话充满了关怀和包容，爸爸发现了朱诺的不开心，开始与朱诺聊天。

爸爸："你看起来不太开心，你在烦什么？"

朱诺：“我只是对人性失去了信心。”

爸爸：“能说具体一点吗？”

朱诺：“我只是在想两人能不能永远在一起。”

爸爸：“你是说伴侣吗？”

朱诺：“相爱的人。”

爸爸：“你是遇到感情问题了吗？你现在这种情况我不赞成你约会，这样有点混乱。”

朱诺：“我只是想知道，两个人能永远幸福地在一起吗？”

爸爸：“这当然不容易，我知道我的记录不怎么样，不过我与你的继母在一起10年了，我要说我们很幸福。听着，我觉得最好的事情是找一个能爱你原本样子的人，不在乎你的美丑，适合的人连你放屁都觉得香，这种人就值得在一起。”

朱诺：“我想，我找到那个人了。”

爸爸：“是啊，那个人就是你的老爸，你知道我会永远爱你支持你，不管你碰到什么样的烂摊子！”

爸爸听懂了朱诺的烦恼，他没有去追问具体发生了什么事件，而是就朱诺的困惑谈自己的经验和感受。在讨论爱情的时候，爸爸与朱诺分享了自己的婚姻经验和感受，而不是说教一通大道理，同时给予朱诺精神支持，让朱诺知道无论遇到什么困境，爸爸都会爱她支持她，这就是爸爸的教育智慧。父亲的话语对朱诺的爱情价值观建构有着积极正面的帮助，这样的语言是富有精神营养的。

因为父母的尊重与接纳，朱诺在经历的这次事件中，有机会思考自己与布里克的爱情，思考爱情的内涵，思考选择的后果……这个成长机会中，父亲和母亲给予了朱诺高级的精神养分，让朱诺变得成熟。

在一个人的成长过程中，我们会遇到很多困境，当遇到困境的时候需要有足够强大的内心力量和足够智慧的方法，我们才能够走出困境。强大的内心力量来自曾经在困境中的历练，足够的智慧来自曾经经历中的思考和经验。当朱诺经历了这个过程，就会经历其中的痛苦、思考，做出抉择，这样的经历会给朱诺带来成长。朱诺按照当初的计划给孩子办理了领养手续，和男友布里克在走了一段人生的弯路之后，回到了生活的正常轨迹上。

若男的父母替代孩子解决问题

而若男的父亲没有给予若男自己处理这个问题的机会，想按照自己的意愿强行安排若男出国堕胎，然后留在国外完成学业，但因为若男的反抗没有得逞。影片中我们看不到父母引领女儿学会自己解决问题的过程，只看到了父母强烈希望替代女儿处理问题。

若男因为不被父母接纳和尊重，在这次事件中失去了与父母沟通交流的平台，父母也失去了传递正确价值观和人生经验的契机。无论是若男的父母，还是若男男友家富的父母，始终都将他们看成是小孩，即使他们经历了离家出走和养育孩子，期间父母传递给孩子的“有营养”的精神养分都是不足的。若男生下的孩子由其父母养活，若男和家富也需要由父母养活，也就是说，在若男和家富自己没有自立的情况下，就有了孩子，这不是他们正常的生活轨迹，他们没有回到自己正常的生活轨迹上来。

3.社会地位VS教育智慧

对于朱诺和若男的父母，还有一个值得对比的就是他们的教育背景和社会地位与他们教育孩子的智慧。显然，若男的父母受教育程度和社会地位都远远高于朱诺的父母，若男的父亲是高级律师，母亲也是一位律师，社会地位较高；朱诺的父亲只是一个木工，母亲做美甲工作，社会地位属于社会底层。然而，在教育孩子的能力和智慧上，朱诺的父母显然胜过了若男的父母。

朱诺父母与若男父母教育智慧的差异是一个国家和民族的文化决定的，这种文化代代传承。若男爸爸用了他父母曾经教养他的方式来对待自己的女儿：暴力的沟通模式、包办替代；朱诺父母用了自己父辈曾经教养他们的方式来对待自己的女儿：尊重、接纳、包容，给孩子成长的机会；朱诺和若男的父母都传承了自己父辈育儿的理念和方式。朱诺父母的育儿智慧来自这个民族教育智慧的传承，他们在幼年的时候就生活在被接纳、宽容、理性、会爱的环境中，长大做了父母之后，他们就将自己父母养育自己的方式，用来养育自己的孩子。

我们与若男的父母生活在一种基本相似的文化下，我们虽然有高等教育的文凭，但不一定具备与孩子非暴力沟通的能力，不一定具有朱诺父母宽容、接纳、尊重孩子的能力，不一定具有朱诺爸爸在女儿出现问题后的自我反省的能力。这些能力与智慧是文化熏染的结果。

4.真诚的爱情观VS物化的爱情观

在处理女儿怀孕的事件中，我们看到了两位父亲不同的人格品质，朱诺爸爸的真诚与若男父亲的势利，决定了他们在引导女儿面对爱情时的态度。

朱诺爸爸对女儿的引领

朱诺的父亲对女儿爱情价值观的引领是在尊重女儿选择的基础上，不干涉女儿与男友的交往；同时提醒朱诺要找一个爱她本来样子的男友，其他的都不重要。父亲给女儿传递的爱情价值观是基于女儿的幸福，而不是基于女儿在爱情中获利。

若男爸爸对女儿的引领

若男的父亲在给女儿输入爱情价值观的时候，忽略了爱情的根本是尊重、接纳和爱护，这是孩子在爱情中获得幸福的保证。他将孩子的爱情物化成了找配偶的物质条件，认为物质条件是保证女儿爱情幸福的基础，将爱情的幸福建立在对方的物质条件上。若男的父亲对若男爱情的要求是：找一个地位、经济、相貌与自己匹配的男人，唯独缺失了“爱女儿本来的样子”。这个价值观已经失去了爱情的本意，他传递给女儿的爱情价值观是物化而势利的价值观。

若男的父亲不懂得尊重女儿和女儿的朋友，在若男生日这天，若男与家富和朋友在阳台烧烤，庆祝若男的生日。当父亲加入了孩子们的烧烤聚会后，审问了每个孩子的家境：“你们是怎么认识的？”“你爸爸是干什么的？你爸爸的爸爸是干什么的？”在了解到三个男孩的家境都是社会底层，孩子们的父亲都是开小巴的司机之后，若男父亲起身离开了女儿的生日聚会。

我们来看一段若男与父亲的对话：

父亲：“你交朋友要小心，那几个男孩读那样的学校，这样的家庭背景，好不到哪里去。”

若男：“这么说读得起名校的，家里有钱的都是好人咯？”

父亲：“未必，但书读得好，也坏不到哪里去，物以类聚，人以群分，要学聪明一点，交朋友一定要挑有价值的，我有不让你交朋友了吗？没有，但是你交这些朋友，不会得到任何好处。”

若男：“我交朋友不需要利益，不需要好处。”

父亲：“但是人家想从你身上得到好处，你在与那个对你殷勤的男孩谈恋爱吗？”

若男：“是的，你不会像老电影里的老爷那样阻止我们吧？”

父亲：“就算是，我也是为你好。”

若男：“那你就不用理会我的感受咯？”

父亲：“是的。”

对于中国的家长们来说，若男父亲的话语太耳熟了，熟悉到我们不会去思考这些话语是否正确，熟悉到我们不会去关注孩子听到这些话语后的内心感受，熟悉到我们都会不假思索地对孩子说出相同的话语来。

第二节 朱诺VS若男

在两个不同家庭教养环境下成长起来的两个女孩，面对爱情和未婚先孕的情况，她们对事情的处理反映出了其各自从成长中获得的智慧。

1.朱诺积极解决问题VS若男逃避问题

朱诺积极解决问题，而非依靠他人

朱诺发现自己怀孕后，意识到这是自己的事情，需要自己想办法来解决。朱诺在怀孕后做了4件事情。第一件事情是找到男友布里克，在告知自己怀孕的消息后，布里克一脸茫然，问朱诺："我们怎么办？"朱诺说她要堕胎，布里克回应："你想怎么处理就怎么处理。"朱诺发现布里克完全不能够承担此事，于是，她放弃了对布里克的求助；第二件事情是自己联系"未婚妈妈之家"后，独自一人前往堕胎；第三件事情是朱诺决定为宝宝寻找一个稳定健全的家庭来收养；第四件事情是寻求父母的帮助。当朱诺做出将孩子送给领养人的决定后，她知道需要父母参与一起来解决问题，将事情主动告诉了父母。在寻求父母帮助的时候，朱诺并非六神无主地依赖父母来处理自己的事情，她给父母传递的信息是：我已经对这件事情有了自己的想法，也做出了处理的决定，但我需要你们帮助我完成我的决定。

我们来回顾一下这个情节：

朱诺在莉雅的陪伴下，将事情告知父母。朱诺的父母很正式地准备着听朱诺将要告诉他们的事情，朱诺很难说出口，在父母反复追问："是不是被学校开除了？""是不是需要大笔钱，或是有法律方面的问题？开车撞到人了吗？"之后，莉雅鼓励朱诺直接说出来，朱诺才大胆说出"我怀孕了"。父母还没有回过神来，朱诺直接说出处理这件事情的方法："我不会堕胎，我已经找到合适的领养夫妇，他们会负责医疗费用，再过三十几周，我们就可以假装这件事情没有发生过。"

这4件事情体现了朱诺成熟的一面，她敢于直面发生的问题，在处理这件事情的时候，知道什么时候可以自己去独立处理，知道什么情况下必须求助父母。在求助父母和莉雅的过程中，朱诺并非依赖莉雅和父母来处理自己的事情。朱诺的父母在这件事情中的角色定位就是支持朱诺的决定，帮助朱诺完成处理过程，而非替代朱诺处理问题。

若男依赖他人解决问题，缺乏独立解决问题的能力

当若男发现自己怀孕后，没有能力思考该如何处理这件事情，在没有自己做出处理方案的情况之下，将消息告知了男友家富。与朱诺一样，她也决定堕胎，家富陪着她去到堕胎的地方，但因为害怕手术，放弃了堕胎的决定。之后，若男决定将孩子生下来，但做完这个决定却没有了后续的思考。

当若男决定生下孩子后，她还应该想清楚以下一些问题：自己现在还在求学阶段，如果怀孕生孩子，将来的学业怎么办？在漫长的怀孕期间，离开了父母的经济支持，如何生存？如何应对父母对待这件事情的看法？这件事情是一个意外，如何处理这个意外才能够让自己回到正常的人生轨迹……同样是16岁的女孩，相比朱诺，若男是幼稚的，不能够对一件事情进行全面的思考。

以若男的心智发展程度，她还不能够意识到自己和家富都没有能力处理怀孕的事情，解决这个问题需要父母的帮助，而是完全依赖茫然不知所措的家富。在影片中，若男问家富："我们怎么办？"家富弱弱地说了一句："再想办法吧！"显得苍白无力。最后，家富只有将情况告知父母，希望得到父母的帮助。

家富父母处理这件事情的出发点是替代孩子处理此事，他们没有问一下家富和若男的想法，没有引导两个16岁的孩子学习解决问题。在粗暴地打骂儿子一番之后，他们直接找到了若男的父母，希望两家人一起解决问题。于是，两家父母对此事的解决过程完全越过了两个肇事者，拿掉了发展孩子解决问题能力的契机。

2.朱诺具备了负责任的能力VS若男不具备负责任的能力

在解决自己的怀孕问题的过程中，朱诺具备了对自己负责任的能力，而若男不具备对自己负责任的能力。

朱诺具备了负责任的能力

朱诺决定生下孩子后，她很清楚地知道这个决定的后果，以及这个后果对自己人生的影响。她知道，无论从心理上还是物质上，自己都不具备做妈妈的能

力，不适合养育一个新生命，于是决定为孩子寻找一位负责任的母亲。这个决定和做法是对自己负责任，是对新生的孩子负责任，是对自己的家庭负责任（父母没有做好做外公外婆的准备），是对布里克负责任（布里克没有准备好做父亲），是对社会负责任（孩子的健康成长有益于社会）。这个决定最后让每一个家庭和经历其中的人都处于自己正常的生活轨迹中，没有人在这个决定中被抛出正常的生活轨迹。

若男不具备负责任的能力

若男决定生下孩子时，她不清楚这个决定的后果，以及这个后果对自己人生的影响。她希望自己有一个属于自己的家，生下这个孩子，就能够满足自己的心愿，这是她生下孩子的唯一目的。若男将这个未来的新生命作为满足自己心愿的工具，由此，在做出生下孩子的决定时，若男对自己、对新生孩子、对家富、对自己的父母都是不负责任的。若男的不负责任表现为：

第一，若男对自己不负责任。生下孩子的决定意味着自己生命方向的改变，在没有完成高中学业的情况下做一个少女妈妈，而且要自己养育这个孩子，若男对自己的未来缺乏思考，这是不负责任的。

第二，若男对新生孩子不负责任。若男没有思考新生婴儿成长所需要的环境，离家出走的时候只想到要把孩子生下来，没有想过自己是否能够承担养育孩子的责任，没有收入、没有独立生存的能力，如何养活孩子？即使后来回到了父母家里养育孩子，我们也能够想象这个孩子多半会被交给家里的保姆带，由若男的父母承担全部养育的经济责任。新生孩子没有一个由父母陪伴的正常家庭，这是对新生孩子不负责任的行为。

第三，若男对自己的男友家富也是不负责任的。家富因为这个孩子的出生，证据确凿地触犯了法律，最后被判进入少管所，这将影响家富未来的生活。况且，家富也因为无力承担养育孩子的责任而内疚和痛苦。

第四，对自己的父母不负责任。因为新生孩子的出生，父母内心并不一定完全接纳，他们还没有做好心理准备让自己荣升为外公外婆，就开始承担抚养外孙的责任。况且，他们对新生孩子的父亲及其家庭是不满意的，这种不满意会投射到新生孩子身上。

第五，对家富的父母不负责任。家富的父母会因为儿子进少管所带来极大的心理压力，担忧儿子因为社会污点会导致将来生存机会的减少。

若男生下孩子事件所产生的蝴蝶效应，波及了两个未成年人、两个家庭、新生婴儿，乃至社会；若男不负责任的行为给相关的人和家庭都带来了影响，将家富和自己都抛出了正常生活的轨迹。

3.朱诺的爱情VS若男的需要

朱诺生活在一个充满爱的家庭中，父母对她关怀有加，她的内心不缺爱。朱诺对布里克的爱情是单纯的，她喜欢布里克的积极进取，喜欢布里克会弹贝斯，喜欢布里克的帅气，打动朱诺的是布里克这个人，而非其他因素。与布里克发生性关系也是她主动策划和实施的，只不过，在实施过程中，因为没有采取避孕措施而意外怀孕了。

若男生活在一个缺爱的家庭，连续三年的生日都没有父母的陪伴，她的内心渴望有人关注自己、在乎自己、爱自己。此时，家富出现了。家富的生活背景中具有若男渴望的家庭气息，比如一家人一起吃饭、早上争抢卫生间、与妈妈吵架等。这种气息深深吸引了若男，而若男对家富本人的品质评价，在这部电影中没有体现出来，对家富的依恋是因为家富填补了若男内心的需要。这些需要是：

他人的陪伴。若男缺失了父母的陪伴，产生了对陪伴的饥渴，一旦遇上愿意陪伴自己的异性，她就会将这种陪伴视为爱。家富经常陪伴若男，填补了若男对陪伴的心理需要。

温馨的家庭氛围。家富的家庭虽然不富裕，父亲每天辛苦开小巴，母亲在一家餐厅当领班，但他们一家人的喜怒哀乐紧密相连。若男羡慕有爸爸妈妈陪伴的家富，一家人一起吃饭一起聊天的家庭氛围深深打动了若男，这正是她期望的家庭生活。靠近家富的日子，让若男有了家的感觉。此时，吸引若男的不是家富的个人品质和能力，而是家富完全与自己不同的生存状态。

被人疼爱。家富对她的疼爱，满足了若男需要疼爱的心理。这份疼爱让若男在孤独的情感生活中找到了一丝温暖。影片中，若男想方设法将第一次见面的家富带回家，与自己一起过生日；在生日许愿时，若男的许愿是："希望以后自己不再寂寞。"在缺乏爱的生活中，若男的情感就像一颗快要冻死的小草，家富带来的一丝温暖就像一束阳光照进了若男的心田，那颗快要冻死的小草慢慢恢复了生机。

若男对家富的情感到底是因为家富吸引了她，还是因为家富填补了她的需要？如果若男能够一直生活在充满温暖关怀的家庭里，没有爱的缺失，或许她不会被家富吸引。然而，若男在内心严重缺爱的情况下，对家富的依恋其实离爱情还很远。此刻，若男对家富仅仅是需要，还谈不上爱情。若男不是因为爱而爱，而是因为匮乏爱而"爱"。

4.单纯的性行为VS掺杂质的性行为

朱诺主动喜欢上了布里克，于是，开始计划与布里克发生性关系，一年后这个计划在朱诺的主动中实施了。对于这个行为，朱诺没有认为与布里克发生了性关系，布里克就应该对自己的人生承担责任，而是认为自己决定做的事情就该由自己负责任。在这段性关系里，性行为只是因为喜欢而产生的，非常单纯。

若男也是主动与家富发生了性关系，在发生性关系后的第二天，若男对家富说："假期一晃就过去了，爸爸妈妈一回来我就没有自由了，你还会来找我吗？你会不会只是玩玩啊？那你爱不爱我？一个女生问一个男生爱不爱自己，是在乎他的心意，你明白吗？"在这段话中，我们看到若男对爱是一种没有安全感的状态，因为失去过父母的爱，现在好不容易有了家富的陪伴，又担心自己失去家富的爱。在这段话中，一句"你是不是玩玩啊"表现了若男不仅想用性关系来控制家富不离不弃，还为家富套上了道德的枷锁。用性关系和道德来绑架对方，这是我们文化中的一个普遍现象。

在若男主动与家富发生性关系的心理中，我们不能够忽略若男在潜意识中挣脱父母约束的心理。父母越是不想让自己做的事情，自己越是要越界尝试，这是一种尝试自由的心理。此刻的若男，自由对于她来说就像一道被长久禁止的美味，自己主动地发生性行为只是渴求自由的表达而已。

由此，我们看到，若男与家富主动发生性行为，这个行为不是单纯地出于爱情，而是有太多的杂质掺杂其中。在我们的文化中，性关系容易被掺杂太多的杂质，不容易有单纯的仅仅是出于爱的性关系。若男的情欲带有了卑微的文化烙印。

在年轻人的性关系中，有一些是女孩主动，有一些是男孩主动。然而，在我们的文化下，无论是男孩主动还是女孩主动，都习惯于将青年男女间的性行为认定为男孩占了女孩的便宜。这种思维透露出了女性为弱者的思想，更深层次地暴露出我们的文化中，女性潜意识地将自己置于弱势地位的自卑心理。其实，只要两情相悦，性关系中没有谁占了谁的便宜，两个人都在性关系中体验了灵与肉结合的幸福；如果性关系中掺杂了太多的利益，那么，获益的一方便是占得了便宜。

14~17岁孩子处于青春期中期，在这个阶段的孩子处于性与爱的混乱状态中，容易出现不能够控制自己性冲动的行为。青春期孩子在性与爱的混乱中，最终是否发生性行为，不取决于孩子是否接受过性教育，而取决于孩子在家庭教育中获得的智慧。

第三节
“巨婴”的特质

“巨婴”是近年来的一个新名词，用来描述那些身体已经成年、心智却还停留在婴儿阶段的人。巨婴是如何产生的呢？我们从《早熟》这部电影中的两位主角的家庭教育模式中，就能够找到巨婴产生的原因；从若男和家富处理事情的思维和方式中，我们看到了巨婴的特点。

先来看一下两个孩子的养育方式，父母的包办替代是产生巨婴的根本原因。若男和家富都已经16岁，在家庭生活中，他们不承担家庭的任何责任，包括日常生活中洗碗扫地洗衣服等，都由家里的成年人完成，所以，他们没有感受过生活的细节。当离家出走后，若男每天要洗衣服，就成为一件苦不堪言的事情。对于两个16岁的孩子来说，伸手就能够有钱花已经是自然的事情，若男的家境富有，家里的钱随意花。家富的家境一般，但母亲常常给他塞钱。两个16岁的孩子从来不用付出劳动就可以得到随意花钱的权利，形成了生存依赖他人的惯性思维，两个孩子都养成了不劳而获的习性。

家庭生活的小事不需要孩子负责任，孩子便没有养成责任感和负责任的能力，当遇到怀孕这样的大事时，若男和家富便暴露出了对自己的人生负责的能力缺失。从这两个孩子身上，我们来看一下巨婴的典型症状吧。

典型症状之一：心智不成熟

大脑不会有逻辑地思考整件事情，只有片段思维，所以显得幼稚。

当若男和家富决定离家出走后，没有想过住房、吃饭等日常开销的来源，离家出走后的生存依靠什么，遇到生存困难的应对策略是什么，生下孩子后的养育费用从何而来……这些问题对于决定离家出走的两个16岁孩子来说，是他们应该进行的思考，有了对这些问题思考的答案，才能够做出是否离家出走的决定。

或许有人会说："他们才是16岁的孩子啊，怎么能够想得这么周全呢？"那么看看朱诺，朱诺在16岁的时候已经考虑到孩子生下来如何处理，而且找到了具体处理的方法，做出了负责任的决定。同样是16岁的孩子，为什么朱诺做出的处理决定理智而成熟，而若男和家富做出的处理决定幼稚而任性？这就是不同的家庭教育产生的结果。

在决定离家出走后，家富和朋友商量解决问题的方法。我们来看一下他们的对话：

朋友："现在打算怎么办？"

家富："找个地方先住下来。"

朋友："然后怎么办？"

若男："然后把孩子生下来。"

朋友："生孩子？你们得想清楚啊！"

若男："我已经想清楚了，（问家富）你不会后悔吧？"

家富："不会，这是我的责任。"

若男说自己"想清楚了"的时候，她根本就不知道什么是"清楚"，当家富说出"责任"二字的时候，他还根本不知道什么是责任，这是巨婴幼稚的典型表现。对比一下朱诺的"想清楚"和"负责任"，我们看到朱诺考虑好了孩子出生后的生活条件，她希望收养孩子的人是做好充分心理准备的人，当收养家庭出现了丈夫决定与妻子离婚的情况时，朱诺首先想到的是孩子能否生活得幸福，经过深思熟虑之后，她才决定将孩子送给了收养家庭。朱诺的做法才能够被称为"想清楚"和"负责任"。

家富带着妈妈以前偷偷给自己的一点钱，若男带上了自己曾经从父母那里得来的钱，开始了离家出走的生活。他们在这些钱被用完之前，从未考虑过钱用完了怎么办，用什么方式才能够挣钱养活自己和未来的孩子，这就是巨婴的大脑不会完整思考整件事情的典型表现。

典型症状之二：把不负责任坚持到底

若男和家富把父母的钱花完之后，才开始考虑打工。打工时遭遇的能力不足，挣钱后发现入不敷出，才让家富和若男感受到了生存的压力。然而，在这样的压力之下，他们仍然没有思考接下来的生存应该依靠什么，家富将生存下去的希望寄托在挖野菜、水塘里捞贝壳，他们将孩子养育置于自己的幻想中。两个人在一起也谈到孩子出生后，他们需要抚养和照顾孩子，孩子要吃奶，孩子未来要上学，然而，在谈到这一切的时候，他们只有憧憬，没有想过他们是否能够承担起这些责任，把养育一个孩子当成了过家家的游戏。我们来看这个片段：

家富："若男，我们好像已经变得没有话可说了。"

若男："我觉得也是，老是这样没话找话说，挺难受的，不过，你不是说过，我们一定要争口气吗？"

家富："如果连我们自己都不开心，争口气又有什么用？"

若男："这样下去的话，我们会不会很快分手啊？我现在明白了，父母为什么不让我这么早谈恋爱。"

家富：“要当好父母不容易啊。”

若男：“总之，我们一边学，一边做。”

若男和家富在怀孕后离家出走，怀孕期间的物质匮乏和精神压力直接影响了胎儿的健康，生下的孩子作为证据将家富送进了劳教所。整个过程中，两个人都没有想办法让事情朝着生活的正轨上发展，而是让这件事情将两人的生活完全拉出正常轨迹。

若男和家富在成长过程中，依赖父母的意念被父母的养育方式植入了基因中，导致了他们的巨婴状态。近年来，我们看到了越来越多的“巨婴”，父母对孩子的包办替代是我们国家盛产巨婴的肥沃土壤。这些巨婴将自己依附于父母或家人，最典型的就是“啃老族”，但制造啃老者的人和啃老者都认为这是理所当然的事情。父母不对孩子的成长负责，孩子也不对自己的成长负责，这样的现象是我们民族文化中的癌症！

在现实中，我们看到很多已经成年的人，在遇到人生大事件的时候，采用的是退缩或不智慧的处理方式，结果给自己的人生或家庭带来悲剧。比如，在婚姻大事上，现在有一种流行趋势叫“闪婚”，两个年轻人原本还没有做好结婚的心理准备，却在某一个月的某一天，刚好年月日的数字谐音读起来是“一生一世”“我爱你”等，两个人就因为这个原因结婚了。过了一个月，发现自己还不想结婚，于是又进行闪离。如果闪离是两个人的念头还好，如果不是，就会出现纠缠不休、大打出手，甚至杀害对方等事件，将两个人的生活都毁掉。这种对人生不负责任的基因在他们的成长过程中，已经被父母植入了生命。

第四节
我的思考

我在微信群里做这部电影赏析的时候，一些群友表达了自己的观点。我想在这个章节的最后，对这些观点有一个回应，也避免读者在阅读这个章节后产生同样的困惑。

一位群友认为：“《朱诺》是发生在美国的事情，中国的学校不会允许一个中学生挺着大肚子在学校里晃悠，中国的父母也不可能允许上中学的女儿生下孩子，中国有自己的国情。”这位群友代表了一部分群友的见解。在此，我想表达的是：

第一，对于两部电影的赏析，我分析的是两种文化背景下的家庭教育理念和方法，以及这两个家庭中成长起来的孩子。我并非想让中国的家长学习美国，允许孩子大着肚子在校园里继续求学，也并非让中国的家长学习美国家长允许16岁女儿生下孩子。这两部电影赏析，仅仅代表了两个家庭的教育，而不代表两个国家的教育，所以，读者不要用《朱诺》代表美国，用《早熟》代表中国。

第二，对于群友们说到的“国情不同”，我的思考是：**无论在怎样的国情下，我们对孩子的教育都应该保有尊重、接纳、包容，给予孩子成长的机会，这样的教育方式才有利于孩子的心智发展，让孩子成长为一个有智慧，有担当的人。**当我们在思考教育的时候，对家庭教育理念的思考、对父母自身教育智慧的思考，应该多于对国情的思考。每个家长应该主动学习思考，如何用科学的教育理念和智慧的方法来教养孩子，而不是被动地等待国情转变，更不能够幻想着大环境的改变能够让育儿变得更轻松，获得事半功倍的育儿效果。家庭是孩子成长的微环境，微环境对孩子成长的影响大于社会大环境对孩子的影响，这是毋庸置疑的。

第三，当女儿怀孕后，父母的态度和方法给女儿带来的影响，远比社会言论对女儿的影响大得多。然而，在我们的文化下，面对少女怀孕，多数人考虑的是社会文化和舆论，而没有思考家庭的态度和方法对孩子的影响。如果父母要考虑社会言论的影响，应该首先考虑自己的态度和方法对女儿的影响，这样，父母才明白自己该怎么做。

所以，当面对少女怀孕时，不是国情让父母做不到尊重、接纳、包容孩子，也不是国情不让父母给予孩子成长的机会，而是父母自身的教育智慧，决定了父母是否能够做到。由此，不要把自己做不到的事情统统归于国情和大环境，这只是父母顾及自身的颜面和面对社会内心脆弱的托词和借口。

如果大环境的文化缺失了人性和宽容，缺失了引领孩子的智慧，在这样的环境下，一些未婚怀孕的少女知道自己将身败名裂，失去人格尊严，失去家人的爱与接纳，失去世人的尊重，未来将在耻辱中度过一生时，这种恐惧将导致女孩以命相搏。他们可能会盲目地处理肚子里的孩子，导致生命危险，一些怀孕的少女可能直接自杀。

这是发生在我教师生涯中的一个真实故事：

女孩18岁，即将从卫生学校毕业，与男友发生性关系后怀孕了，她偷偷隐瞒着怀孕的事实。当肚子渐渐变大的时候，正值冬天，穿着厚厚的冬衣，同学们也没有发现她的异常。有时候去学生澡堂洗澡，同学看着她隆起的肚子，总是笑她长胖了。在怀孕5个多月的时候，男友带着她到一个私人小诊所做引产手术。这个私人小诊所没有行医资质，在引产手术中，女孩出现了大出血，两个小时后，她离开了这个世界。

听到女孩去世的消息，我陷入了沉思。这个女孩是学医的，她懂得发生性行为的后果，也懂得如何避孕，当她控制不住自己的性冲动时，她为什么没有采取保护自己的措施？当她怀孕之后，她具备的医学知识足以让她懂得及时去正规医院处理，才能够保证她的生命安全，那么她为什么没有选择在孕期的前3个月做人工流产手术，而是在怀孕5个月之后，选择了对身体伤害更大的引产？我是教了她一年半专业课的老师，在她需要帮助的时候，为什么她不来寻求我的帮助？她的父母养育了她18年，在她最需要父母的理解与接纳的时候，为什么她没有回到父母身边，请求父母的谅解？

在我对上述思考给出的答案中，都带上了我们大环境中的文化背景：**女孩缺乏处理问题的能力和智慧，因为在我们的教养模式中，能够给予孩子学习独立自主处理问题的机会太少太少；女孩不信任成年人会帮助她，在她所受的文化浸染中，少女怀孕是奇耻大辱，如果学校知道了此事，可能自己会被开除，导致即将**

毕业的学业荒废，如果父母知道此事，自己可能被羞辱谩骂，甚至被赶出家门，失去父母之爱。

终于，我醒悟了：我用了一年半的时间教给她治病救人的方法，却从未教过她要珍爱自己，我只“教”了她，却没有“育”她啊！在我们的大环境下，无论是父母，还是教师，对孩子更多的是“教”，而缺少了“育”，这样的大环境是我们要顺应的吗?

如果女孩在怀孕后，坚信父母会谅解她的犯错，坚信老师能够帮她找到最佳解决问题的方式，无论社会大环境如何，对家庭和学校这个微环境的无比信任，也会让她毫不犹豫地寻求父母和老师的帮助。如果真的是这样，或许，今天她已经结婚生子，幸福地生活在这个世界上。

大环境的改变需要从每一个微环境开始，每一个家庭的改变是社会改变的基础，在儿童与青少年性教育这个领域，“善解童贞”担当起了这个使命！

致谢

感谢我的儿子，是你的到来，将我引入了儿童的世界，让我痴迷于对儿童的研究！

感谢我的先生，你坚实的臂膀始终能够让我靠上疲倦的头，你温暖的怀抱永远是我宁静的港湾！

感谢我的父母，你们培养了我善良、真诚、执着的品格，让我学会因爱而坚持！

感谢徐晓平先生和李跃儿女士，没有你们对我的支持，便没有我的《善解童贞》！

感谢这15年来不断质疑我的朋友，有了你们的质疑，我才不敢懈怠，力求在学术上精益求精！

感谢15年来支持和帮助我的朋友和众多的网友，有了你们的支持和信任，我便没有了放弃的理由！

感谢梁式明老师为我的书取名《善解童贞》，因为你渊博的学识，让我的研究以优雅的方式传播！

感谢翁滨老师为“善解童贞”设计了雅致而灵动的LOGO，你深厚的文化底蕴让“善解童贞”诠释了性文明的端庄与和谐！

感谢“善解童贞”团队的每一位成员，因为有了你们的信任，“善解童贞”得以传承和发扬光大！

感谢江苏凤凰科学技术出版社对我的信任和支持，让新的《善解童贞》系列为更多的家庭服务！

“善解童贞”品牌介绍

我的第一个孩子是根儿，现在，他已经长大成人；“善解童贞”是我的第二个孩子。我的两个宝贝凝聚了我一生的心血和爱！

在为朋友们介绍“善解童贞”之前，我需要说明“善解童贞”这4个字的由来。2009年的时候，我的第一本有关儿童性心理和行为研究的书已经成稿，如何为这本书取名成了关键。在谈性色变的国度，要为一本讲解儿童性心理和行为的书取上一个优雅的书名，既要体现“性”，还要体现“雅”，这的确难倒了我。我想来想去，只想到了“儿童的性”来做书名，很直白，但没有我想要的雅致，没有显示出美感来。当时广西科学技术出版社的资深编辑梁式明老师负责我这本书。有一天，我去出版社见到梁式明老师，他对我说：“我已经想好了这本书的书名，就叫《善解童贞》吧。”我立即心花怒放，大声说道：“太好啦！你是怎么想出如此优雅的书名的呀！没有什么文字能比‘善解童贞’这四个字更能表达我书里的精神了，就这么定了，不可以再改了啊！”

然而，这个书名遭到了其他人的反对，最后我坚持用了这个书名。在每一次因为书名而与工作人员发生冲突的时候，我都会大声告诉他们：“‘善解童贞’这四个字会与我未来的生命紧紧地联系在一起，我要让人们因为我而知道《善解童贞》，因为《善解童贞》而知道我，这4个字就是我的代名词，我用定了！”因为梁式明老师和我的坚持，第一本《善解童贞》终于出版了。我知道，这4个字与我的生命已经紧密相连，不可分割。在此，我要真心地感谢学识渊博的梁式明老师为我的第二个孩子取名“善解童贞”。

很多人问过我“善解童贞”的含义是什么。我对“善解童贞”的理解是：“善”，是指理解孩子性发展的科学规律、尊重孩子的发展规律、接纳和包容孩子性发展中的行为，我们把这些元素合起来称为“爱”；“解”，则指用科学精神专业解读；“童贞”，则指孩子的性。“善解童贞”的含义就是：用爱与科学来解读孩子的性。

“善解童贞”出生之后，我知道自己能够让她健康地长大，便暗下决心，要让“善解童贞”成为中国最优秀的性教育品牌，我要做的就是继续脚踏实地在儿童性教育领域里“开荒种地，精耕细作”，让更多的父母和教师懂得孩子性发展的科学规律，懂得正确帮助孩子性发展的方法。这样做我才能够在帮助许多家庭和孩子的同时，收集到更多的案例，做更深入细致的研究，“善解童贞”就能够汲取更多的养分，更茁壮地成长。

如果将我在2001年开始进行的儿童性教育研究比作孕期，2009年就是“善解童贞”出生的日子。从怀孕、出生到如今，15年过去了，“善解童贞”已经出落得亭亭玉立，她已经能够帮助更多的孩子和家庭，这让我感到无比欣慰！

现在，“善解童贞”已经拥有了强大的团队和成熟的性健康教育体系，在此为朋友们一一介绍。

第一，“善解童贞”孩子课堂体系

孩子课堂体系的对象涵盖了6～16岁的孩子，分为5个年龄阶段的课程，这样的课程体系已经运行了15年，受到家长和孩子们共同的认可。

6~7岁孩子课堂，主题是“保护身体隐私”。

8~9岁孩子课堂，主题是“男孩女孩不一样；我从哪里来”。

10~11岁孩子课堂，主题是“防范性侵害；悦纳青春期身体的变化”。

12~13岁孩子课堂，主题是“青春早期的爱情；预防艾滋病”。

14~16岁孩子课堂，主题是“学会管理性冲动；如何应对传媒中的性信息”。

第二，“善解童贞”父母课堂体系

在“善解童贞”父母课堂体系中，针对成年人不了解的0~16岁孩子性发展的规律，我们专门为不同年龄阶段成年人设计了相对应的课程，这些课程主要是帮助成人理解孩子的性心理和性活动，学会帮助和引导孩子性发展的正确理念和方法。15年来，这些课程已经在全国75个城市开讲，影响了众多的父母和教师。孩子课堂和父母课堂已对接成为一个完整的家庭成长课程体系，通过这样一个全方位、全链条的体系，帮助孩子从0岁一直到16岁接受持续的性教育，最终成就他们建构自我保护的能力、建构健康的价值观、建构性的审美能力，为未来的幸福生活奠定基础。

第三，“善解童贞”讲师培训体系以及团队

目前，“善解童贞”讲师培训体系已经建立。“善解童贞”讲师团拥有4大特点：

高品质：因为“善解童贞”系列课程的特殊性和专业性，每一位讲师都需要接受严格培训。善解童贞讲师要经历的培训过程为：约30天的预考核＋7天封闭式培训考核＋培训结束后的专业督导＋讲师晋级机制，以保证讲师向社会提供的课程品质，讲师班每期限定12个名额。

辐射广：从2014年8月开始“善解童贞”讲师培训，我们建立了全国讲师联盟，现在在全国多个城市都有“善解童贞”讲师，他们传播着“善解童贞”的理念。

平台全：“善解童贞”已经拥有了网站、微博、微信公众号、QQ群、讲师团队的博客等公众传媒和自媒体，都在传播着“善解童贞”的理念，分享着课程

一线的观察和思考，逾百万的粉丝在通过这些媒体获取性健康教育的最新资讯。

可持续：坚定不移地要做好中国儿童性教育的信念，让“善解童贞”走到了今天。2015年10月，我们在深圳注册成立了深圳市善解童贞教育咨询管理有限公司，公司将对讲师团进行一体化管理。“善解童贞”团队将秉承着我们的信念，把“善解童贞”做成中国儿童与青少年性教育的品牌，让更多的家庭受益。

第四，“善解童贞”的知识理论及课程研发体系

“善解童贞”的知识理论已经自成体系。目前，“善解童贞”系列书籍已经陆续出版，全面讲述0~13岁儿童性心理发展规律，书中以大量的案例为基础，解析了孩子的性本能发展以及家庭、学校和社会对孩子性发展的影响，为父母和教师提供了帮助孩子的具体方法。《善解童贞》系列书籍既可以作为讲师培训的基础教材，也可以作为父母育儿工具书。除了《善解童贞》系列书籍为成人所用，早在2004年，我为孩子们写的性教育漫画读本《成长与性》上下也册已经出版发行，至今仍是“善解童贞”孩子课堂的教材。

“善解童贞”系列书籍为：

《善解童贞1：0~6岁孩子的性发展与性关怀》

《善解童贞2：6~13岁孩子的性发展与性教育》

《善解童贞3：孩子的情欲世界》

《善解童贞4：孩子的爱情》

《善解童贞5：防范性侵害》

善解童贞的4大体系，突显了“善解童贞”品牌的6大优势：

连续性：“善解童贞”父母课堂是为0~16岁孩子父母设计的，妈妈从怀孕开始，就可以学习0~6岁孩子的性发展规律，了解孩子出生后要经历的性发展过

程，然后遵循科学的规律去观察并协助孩子完成发展。“善解童贞”孩子课堂是为6~16岁孩子设计的，孩子从6岁开始直到青春期中期，都可以通过“善解童贞”孩子课堂接受性健康教育。这就是“善解童贞”连续性的体现。

科学性：“善解童贞”的科学性体现在两个方面。第一个方面是理论基础的科学性，“善解童贞”课程的整个研发过程建构在医学和儿童发展心理学的基础理论上，这一点可以在“善解童贞”系列书籍中呈现；第二个方面是严格按照孩子年龄阶段和认知发展水平设置课程，让相同年龄阶段的孩子在一个课堂里上课，不允许不同年龄阶段的孩子在同一个课堂里上课，保证了课堂内容符合孩子的认知发展程度。

本土化：“善解童贞”课程不是照搬照抄国外的课程。15年来，我的研究和实践一直立足于本土，置身本土的幼儿园和学校，所有研究的素材都来自本土的孩子和家长。由此，“善解童贞”课程与中国的本土文化最具兼容性，容易被国人接纳，避免了性教育中的文化冲突。

专业性：“善解童贞”的专业性体现在两个方面：一个是整个课程体系研发的专业性，另一个是讲师团队培养的专业性。严格的培训和督导，保证了善解童贞在传播中能够保持原汁原味，使“善解童贞”课程体系不走形。

广泛性：“善解童贞”的讲师来自全国不同地区，贫困地区和教育落后地区也有“善解童贞”讲师，他们在当地为孩子们讲课；同时，发达城市的讲师也到贫困地区支教，为孩子们讲授“善解童贞”课程，河北沧州、新疆乌鲁木齐、黑龙江哈尔滨等地都有我们的讲师和受众人群。

持续性：“善解童贞”已经坚持了15年，未来，我们将在“善解童贞”的平台上，建设起集研究、培训、推广于一体的性健康教育队伍。我们已经得到越来越多的关注和支持，相信会有更多人加入“善解童贞”团队，我们会走得更加坚定。

当“善解童贞”“出生”的时候，我便清楚地知道“养育”她的目标，我希望“善解童贞”能够改变中国儿童性教育落后的状况，减少儿童遭受性侵害的事件，为孩子未来的人生幸福奠定基础。如果说15年前这还仅仅是一个梦想，那么，现在有了“善解童贞”团队，我正看着自己的梦想在一点点实现。非常感恩每一个帮助“善解童贞”发展和传播的人！

胡萍

2016年8月于深圳

参考书目

[1] 王振宇. 儿童心理发展理论[M]. 上海：华东师范大学出版社，2000.
[2] 弗洛伊德. 性学与爱情心理学[M]. 罗生，译. 南昌：百花洲文艺出版社，1996.
[3] Spencer A.Rathus，Jeffrey S.Nevid，Lois Fichner-Rathus. 性与生活[M]. 甄宏丽，译. 北京：中国轻工业出版社，2007.
[4] T.贝利·布拉泽顿. 聆听孩子的心声[M]. 张雪兰，译. 北京：京华出版社，2006.
[5] 约翰·蒙尼. 人体的性缺陷[M]. 周炼红，译. 桂林：广西师范大学出版社，2003.
[6] 霭理士. 性心理学[M]. 潘光旦，译. 上海：上海三联书店，2006.
[7] 托马斯·拉科尔. 孤独的性：手淫文化史[M]. 杨俊峰，译. 上海：上海人民出版社，2007.
[8] 琼·瑞妮丝，露丝·毕思理. 金赛性学报告[M]. 王瑞琪，庄雅旭，庄弘毅，等译. 济南：明天出版社，1993.
[9] 约翰·布雷萧. 家庭会伤人[M]. 郑玉英，赵家玉，译. 成都：四川大学出版社，2007.
[10] 鲁伊基·肇嘉. 父性[M]. 张敏，王锦霞，米卫文，译. 北京：中国社会科

学出版社，2006.

[11] 彼得·史密斯，海伦·考伊，马克·布莱兹. 理解孩子的成长[M]. 寇彧，译. 北京：人民邮电出版社，2006.

[12] 劳伦·B. 阿洛伊，约翰·H. 雷斯金德，玛格丽特·J. 玛诺斯. 变态心理学[M]. 汤震宇，邱鹤飞，杨茜，译. 9版. 上海：上海社会科学院出版社，2005.

[13] 杨华渝. 偏离与倒错[M]. 北京：北京出版社，2000.

[14] Heidi Gerard Kaduson，Charles E.Schaefer. 儿童短程游戏心理治疗[M].刘稚颖，译. 北京：中国轻工业出版社，2002.

[15] 龙迪. 性之耻，还是伤之痛[M]. 桂林：广西师范大学出版社，2007.

[16] CarolK.Sigelman，Elizabeth A.Rider. 生命全程发展心理学[M]. 陈英和，译. 北京：北京师范大学出版社，2009.

[17] 安云凤. 性伦理学新论[M]. 北京：首都师范大学出版社，1997.

[18] 卡特琳·梅耶尔. 弗洛伊德批判[M]. 郭庆岚，唐志安，译. 济南：山东人民出版社，2008.

[19] 珍妮特·S. 海德，约翰·D. 德拉马特. 人类的性存在[M]. 贺岭峰，等译. 8版. 上海：上海社会科学院出版社，2005.

[20] S. 格哈特. 母爱的力量[M]. 王燕，译. 上海：华东师范大学出版社，2008.

[21] 罗伯特·V. 卡尔. 儿童与儿童发展[M]. 周少贤，窦东徽，郑正文，译. 2版. 北京：教育科学出版社，2009.

[22] 赖斯派瑞. 伴青少年渡过挣扎期[M]. 柳惠容，译. 成都：四川大学出版社，2007.

善解童贞logo解读

这是胡萍老师的个人形象，胡萍老师是“善解童贞”的创始人及推广人，作为“善解童贞”图形标志设计，胡萍老师的个人形象是最重要的设计元素。整个图形用简笔画勾勒出胡萍老师的几个特点以及“善解童贞”的核心理念：

- 胡萍老师的微笑，笑脸符合“善”，代表着爱与美好的事物。
- 胡萍老师的发型被设计成环抱的双手，代表着呵护与保护。
- 胡萍老师的痣，把痣画成一颗心，代表着对儿童的爱心及用心去做每件事。
- 脸型采用负空间设计为一颗“爱心”，与发型、手的结合，寓意着用心保护与呵护，充分表达出“善解童贞”品牌“用爱与科学去解读孩子的性”的主题，爱的脸型与胡萍老师的痣同为爱心图形，是个人小爱与大爱的完美组合，是“善解童贞”理论教育的升华，充分阐述了胡萍老师说的“我要做理想的教育”的大爱胸怀。

胡萍老师

shàn jiě tóng zhēn